Biriciana –
Weißenburg zur Römerzeit

Kastell – Thermen – Römermuseum

von
Ludwig Wamser

Konrad Theiss Verlag Stuttgart

W0064923

Herausgegeben vom Frankenbund,
dem Bayerischen Landesamt für Denkmalpflege
und der Prähistorischen Staatssammlung, München

Gedruckt mit Unterstützung des Bezirks Mittelfranken,
des Frankenbunds, Ortsgruppe Weißenburg,
und des Landkreises Weißenburg-Gunzenhausen

CIP-Titelaufnahme der Deutschen Bibliothek

Wamser, Ludwig:
Biriciana – Weißenburg zur Römerzeit: Kastell –
Thermen – Römermuseum / von Ludwig Wamser. –
Stuttgart, Theiss, 1984.
(Führer zu archäologischen Denkmälern in
Bayern: Franken; Bd. 1)
ISBN 3-8062-0323-7

NE: Führer zu archäologischen Denkmälern in
Bayern / Franken

Titelbild: Römische Gesichtsmaske von Weißenburg
Umschlagrückseite: Das Römerkastell Biriciana

3., unveränderte Auflage 1990

© Konrad Theiss Verlag GmbH, Stuttgart 1984
Alle Rechte vorbehalten
Printed in Germany
Satz und Druck: Gulde-Druck GmbH, Tübingen
ISBN 3-8062-0323-7

Christoph Wägemann (1666–1713),
Johann Alexander Döderlein (1675–1745),
den Weißenburger Wegbereitern
der Limesforschung in Bayern,
Wilhelm Kohl (1848–1898),
dem Gründer des
»Altertumsvereins Weißenburg und Umgebung«
und ersten Ausgräber
des Alenkastells Weißenburg,
gewidmet

Vorwort der Herausgeber

Genau 100 Jahre sind vergangen, seit der Münchener Gymnasiallehrer
Friedrich Ohlenschlager, Mitglied der Bayerischen Akademie der
Wissenschaften, aufgrund theoretischer Überlegungen die Existenz
eines römischen Kastells bei Weißenburg postulierte – eine Hypothe-
se, die bereits sechs Jahre später durch Grabungen des Weißenburger
Apothekers Wilhelm Kohl, des Gründers des »Altertumsvereins Wei-
ßenburg und Umgebung«, bestätigt werden konnte. Sie gaben den
Anstoß zur wissenschaftlichen Erforschung des Alenkastells durch die
Reichslimeskommission (von 1892 bis 1905), deren Ergebnisse schon
bald die besondere Rolle Weißenburgs als ältesten und bedeutendsten
Truppenstandort am dortigen Limesabschnitt erkennen ließ.
In der Folgezeit gewann dieses Bild durch eine Reihe von Zufallsfunden und Einzelbeobachtungen immer deutlichere Konturen. Insbesondere mehrten sich jetzt die Hinweise auf eine zentralörtliche Funktion auch der großen Zivilsiedlung. In den Blickpunkt der breiteren
Öffentlichkeit rückte Weißenburg freilich erst durch die aufsehenerre-
genden Entdeckungen der vergangenen Jahre, die nicht nur für die
Topographie und Geschichte des römischen Weißenburg, sondern
darüber hinaus auch für die allgemeine Landesgeschichte neue wichtige Gesichtspunkte liefern. Neben den neuen Erkenntnissen, die der
Luftbildarchäologie verdankt werden, seien hier besonders die vollständige Freilegung der großen, repräsentativen Thermenanlage und
die Auffindung des einzigartigen Schatzfundes mit mehr als 100 quali-
tätvollen Metallobjekten hervorgehoben. Sie ließen schon frühzeitig
den Gedanken entstehen, diese eindrucksvollen Zeugnisse römischer
Zivilisation am Ort ihrer Entdeckung zu präsentieren. So konnte die
1977 vollständig freigelegte Bäderanlage dank der vom Freistaat
Bayern, der Bayerischen Landesstiftung, vom Bezirk Mittelfranken,
von der Stadt Weißenburg i. Bay. und vom Landkreis Weißenburg-

Gunzenhausen bewilligten Mittel zunächst durch eine großzügige Zeltdachkonstruktion geschützt, in Zusammenarbeit mit ungarischen Fachleuten vorbildlich restauriert und 1983 als museales Anschauungsobjekt zugänglich gemacht werden. Entsprechend fand auch der 1980 vom Freistaat Bayern für die Prähistorische Staatssammlung München erworbene große Schatzfund 1983 seinen Platz im neugegründeten »Römermuseum Weißenburg«, einem von der Stadt Weißenburg i. Bay. betriebenen Zweigmuseum der Prähistorischen Staatssammlung, in dessen Ausbau und Gestaltung erhebliche öffentliche Gelder flossen. Zusammen mit den übrigen Ausstellungsstücken von der Steinzeit bis in das Mittelalter aus Weißenburg und Umgebung dokumentiert der Schatzfund eindrucksvoll die historische Bedeutung des Ortes vor allem in der Römerzeit.

Den Besuchern der an archäologischen Denkmälern so reichen Weißenburger Region wie des über den antiken Thermen neuerbauten Thermenmuseums und des Römermuseums mußten indes wesentliche Einsichten oftmals verborgen bleiben; fehlte es doch bisher sowohl an einer übersichtlichen, allgemein verständlichen Gesamtdarstellung der in zahlreichen Einzelveröffentlichungen verstreuten Forschungsergebnisse als auch an einer sachkundigen Beschreibung und Erläuterung der erhaltenen archäologischen Zeugnisse. Diese Lücke will der neue »Führer zu archäologischen Denkmälern in Bayern« schließen, dessen Reihe »Franken« mit dem vorliegenden Band 1 ihren Anfang nimmt. Oberkonservator Dr. Ludwig Wamser, als Ausgräber der Weißenburger Thermen der geeignete Autor für einen solchen Führer, zeichnet darin unter dankbarer Einbeziehung der älteren Forschungsergebnisse wie auch der ergänzenden, 1981–1983 bei den Konservierungs- und Restaurierungsarbeiten in den Thermen gemachten bauarchäologischen Beobachtungen durch Dr. Zsolt Visy (Budapest) erstmals ein detailliertes Bild des römischen Weißenburg nach dem aktuellen Forschungsstand mit seinen militärischen und zivilen Aspekten. Wir wünschen diesem Heft, das nicht zuletzt zum Verständnis für die Werte unserer schutzbedürftigen archäologischen Kulturdenkmäler beitragen soll, gute Aufnahme und weite Verbreitung.

Dr. H. Dannheimer	Dr. E. Keller	Dr. H. Zimmerer
Prähistorische Staatssammlung	Bayer. Landesamt für Denkmalpflege	Frankenbund

Inhalt

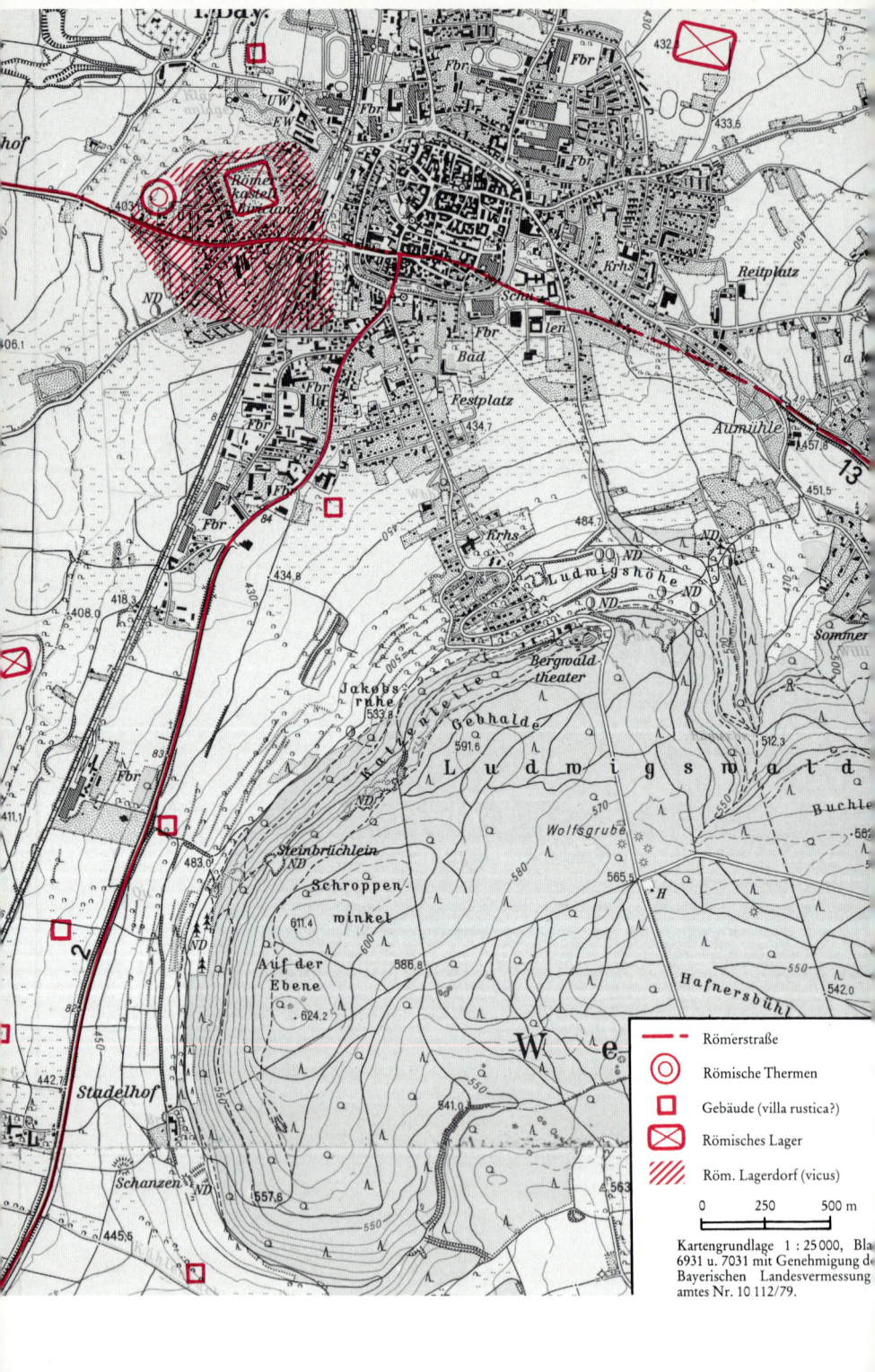

--- -	Römerstraße
◎	Römische Thermen
▢	Gebäude (villa rustica?)
⊠	Römisches Lager
▨	Röm. Lagerdorf (vicus)

0   250   500 m

Kartengrundlage 1 : 25 000, Bla
6931 u. 7031 mit Genehmigung d
Bayerischen Landesvermessung
amtes Nr. 10 112/79.

Biriciana-Weißenburg: Zur historischen Topographie

Weißenburg, die Station *Biricianis* der sog. Peutingertafel – der einzigen erhaltenen Wegekarte der Antike –, wurde in den letzten Jahren mehr und mehr zu einem Schwerpunkt archäologischer Forschung. Dies gilt gleichermaßen für das Weißenburger Umland bzw. den dortigen Limesabschnitt, dessen bedeutendster Truppenstandort das bekannte Alenkastell Weißenburg war. Und dennoch darf man eigentlich nicht von einem römischen Weißenburg sprechen, liegen doch das Kastell und die zugehörige Zivilsiedlung außerhalb, d. h. westlich der Altstadt in einem Neubaugebiet, auf einem strategisch günstigen Geländevorsprung rund 15 m über dem Tal der Schwäbischen Rezat.
Die heutige Stadt hat sich hingegen aus einer merowingerzeitlichen Siedlung des 6./7. Jahrhunderts entwickelt, die nach den Befunden eines ausgedehnten, 200 m östlich der mittelalterlichen Stadtmauer liegenden Reihengräberfeldes mit weit mehr als 1000 Bestattungen recht umfangreich und bedeutend gewesen sein muß. Dieses auf archäologischem Wege gewonnene Bild einer merowingischen Siedlung mit zentralörtlichen Funktionen und differenzierter Sozialstruktur deutet zudem an, daß dieser Ort mit seiner exponierten, strategisch wichtigen Lage im äußersten Osten des alamannischen Stammesgebietes vielleicht eine Art fränkischer Vorposten im alamannisch-bairischen Grenzgebiet war. Zwar wird Weißenburg erst im Jahre 867 als Königshof genannt, nach dem archäologischen Befund kann aber angenommen werden, daß dieser Ort schon einige Jahrhunderte zuvor eine vergleichbar große Bedeutung erlangt hatte, die ihn zum Standort für einen fränkischen Königshof geradezu prädestinierte. Die Anfänge der mittelalterlichen Stadt dürften somit auf eine Neugründung des 6. Jahrhunderts zurückgehen, d. h. auf einen Neubeginn nach der durch die Ereignisse des 3./4. Jahrhunderts hervorgerufenen Zäsur im Siedlungsgefüge (s. S. 114 f.).

Geschichte der Forschung

In der langjährigen Geschichte der Erforschung des rätischen Limes hat der Name Weißenburg seit jeher einen guten Klang. Schon vor den ersten Anfängen gelehrter Beschäftigung mit den Überresten des römischen Grenzwalls scheint sich in diesem Raum das Wissen um dieses einzigartige Denkmal besonders lange erhalten zu haben. Die Wirksamkeit dieser Tradierung wird bereits deutlich in dem Augenblick, in dem der Name »Pfahl« – die weithin verbreitete, in verschiedensten Wortverbindungen fortbestehende alte Bezeichnung für den Verlauf der römischen Reichsgrenze – zum erstenmal in Süddeutschland, in einem Diplom Kaiser Arnulfs vom 8. Dezember 889, urkundlich auftaucht. Mit ihm erhält der Bischof von Eichstätt den Reichsforst östlich von Weißenburg in genau abgesteckten Grenzen längs des »Pfahls« zugesprochen; es ist der gleiche Limesabschnitt, dessen Funktion als Gebietsgrenze dann auch in den folgenden Jahrhunderten, insbesondere zwischen 1269 und 1730, immer wieder urkundlich belegbar ist.

Den Anstoß zur Beschäftigung mit dem römischen Limes in Deutschland gab der erste Historiograph Bayerns, der aus Abensberg stammende *Johannes Turmair*, genannt *Aventinus* (1477–1534). Er hielt zwar noch die Römerstraße Nassenfels–Kösching–Pförring fälschlicherweise für die »lantwer, welche die Römer ›vallum‹ nennen«, prägte jedoch die Limesforschung durch seine Übersetzungen und Interpretationen römischer Inschriften nachhaltig.

Die eigentliche wissenschaftliche Erforschung des rätischen Limesverlaufs geht jedoch auf die Aktivitäten zweier gebürtiger Weißenburger zurück. Hier war es zuerst *Christoph Wägemann* (1666–1713), Pfarrer in Unterasbach bei Gunzenhausen, der bereits 1712 den wirklichen Limesverlauf und seine zeitlich gestaffelte Entwicklung recht genau beschrieb. R. Braun, der 1982 »Die Anfänge der Limesforschung in

2 Magister Johann
Alexander Döderlein
(1675–1745),
Rektor des
Weißenburger
Lyzeums.

Bayern« in einer vorzüglichen Studie behandelte (vgl. Literaturverzeichnis S. 116), schreibt über ihn: »Wägemann ist der erste deutsche
Limesforscher, der die römische Befestigung in ihrem Gesamtzusammenhang gesehen hat, und das über 50 Jahre vor *Christian Ernst
Hanßelmann* (1699–1775), der gerade deswegen als ›Vater der Limesforschung‹ gilt.«
Die erste ausschließlich dem Limes gewidmete Monographie verdanken wir dem Rektor des Weißenburger Lyzeums, Magister *Johann
Alexander Döderlein* (1675–1745), der 1723 und 1731 als erster einen
eingehenden Bericht über Verlauf und Erhaltungszustand der von ihm
erwanderten Reichsgrenze und ihrer Bauwerke im Raum Eichstätt–
Dinkelsbühl gab und dabei auch die mit den Limesanlagen verknüpf-
ten Flurnamen und Sagen als Belege einbezog. »Er war der erste, der
die bis dahin bekannten Nachrichten zusammengefaßt, in der ihm
eigenen Gelehrsamkeit kommentiert und damit einem größeren Publi-

kum vorgestellt hat« (R. Braun). So interpretierte er die in einer Merkur-Weiheinschrift überlieferte Abkürzung *Alae Aur* für die in Weißenburg stationierte Reitertruppe als »Aurelische Escadron«, im Unterschied zu Aventin, der aus ihr noch den Ortsnamen »Aureatum« herauslas. Die zeitgebundenen Unsicherheiten und Irrtümer in Einzelheiten der Ausdeutung können keineswegs die Verdienste dieser beiden Weißenburger Persönlichkeiten schmälern, mit dem ersten Griff eine Reihe von heute noch gültigen Grunderkenntnissen ans Licht des Tages gebracht zu haben, die die Arbeit ihrer Nachfolger nur ergänzen und vermehren konnte. Die 1768 und 1773 veröffentlichten Forschungsergebnisse Hanßelmanns, der den Gesamtzusammenhang des römischen Limes erstmals anhand archäologischer Befunde, vor allem solcher aus Hohenlohe, beweisen konnte, wären ohne die Vorarbeiten Wägemanns und Döderleins nicht möglich gewesen.

In Rätien begann die Ausgrabungstätigkeit am Limes erst 1789, als der Eichstätter Mathematikprofessor *Ignaz Pickel* (1736–1818) im Weißenburger Reichsforst an mehreren Stellen die Limesmauer, einige

Wachttürme und römische Bauwerke bei Rothenstein und Burgsalach freilegte. Eine neue Phase intensiver Forschungen begann in den Jahren um 1800, als insbesondere durch die Bewegung der deutschen Romantik, die in der Hinwendung zur Vergangenheit eine Erneuerung des Geisteslebens suchte, der Begriff des historischen Denkmals stark in den Vordergrund rückte und die Beschäftigung mit ihm zu einem Anliegen vaterländischer Gesinnung wurde. So entstand durch den Pappenheimer Konsistorialrat *Michael Redenbacher* (1746 bis 1816) die erste genaue Beschreibung aller damals bekannten »heiligen Überreste« des rätischen Limes, deren

3 Gedenkstein an der Westspitze der Alten Bürg bei Weißenburg, die seit 1818 fälschlicherweise für die Stätte des Römerkastells gehalten wurde. Solche Erinnerungssteine wurden insbesondere 1861 unter König Maximilian II. in Fortsetzung einer alten Tradition zur Bezeichnung des Limesverlaufs errichtet.

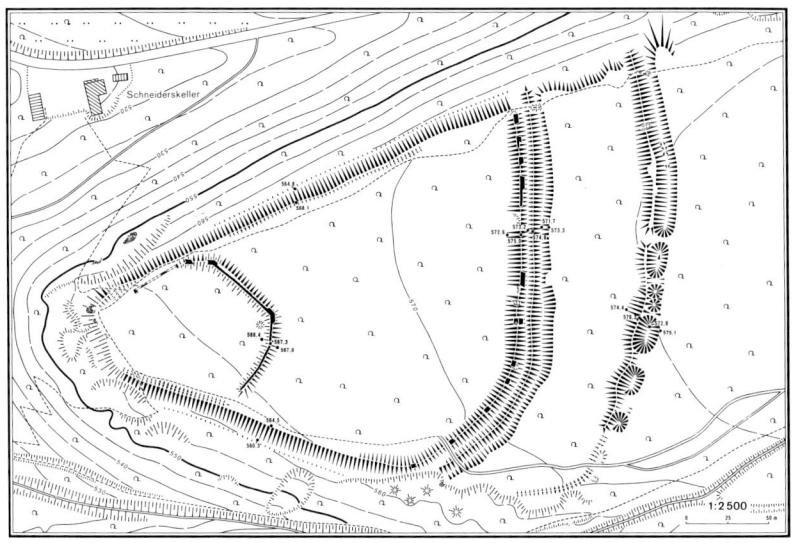

4 Plan der Befestigungsanlagen auf der Alten Bürg bei Weißenburg.

Manuskript zwar erhalten, leider jedoch ungedruckt geblieben ist. Die von ihm durchgeführten kleineren Ausgrabungen (z. B. im Bereich römischer Gutshöfe bei Göhren und Rothenstein) wurden später teilweise durch seinen Sohn, den 1865 verstorbenen Justizrat *Friedrich Karl Redenbacher* weitergeführt und veröffentlicht. Zu den Limesforschern jener Jahre gehören dann noch *Franz Anton Mayer* (1773 bis 1854), zuletzt Stadtpfarrer in Eichstätt, sowie der Regensburger Historiker *Andreas Buchner* (1776–1854), der sich als erster für eine Zuordnung des in der Peutingertafel überlieferten Ortsnamens *Biricianis* an Weißenburg aussprach.

Das neu erwachte Interesse an den Zeugnissen der »vaterländischen« Geschichte dokumentierte sich mit Beginn des 19. Jahrhunderts aber auch in einer ganzen Reihe staatlicher Initiativen, die der Erforschung, Erhaltung und kartographischen Erfassung, aber auch der Kennzeichnung der Bodendenkmäler durch Aufstellung von Gedenksteinen »zur Verbreitung der Kunde unter dem Volke« galten. Dieses umfassende Programm wurde teils auf dem Verordnungswege, teils auf privatrechtlicher Basis durch die vorbildliche Arbeit der auf Regierungsbezirksebene neugegründeten, von *König Ludwig I.* angeregten

15

Geschichtsvereine bewerkstelligt, deren ältester 1830 in Ansbach als Historischer Verein des Rezatkreises (heute: Historischer Verein für Mittelfranken) ins Leben trat. Neben der Veröffentlichung von Ausgrabungsberichten und der Einrichtung einer eigenen Sammlung, in die auch Funde aus Weißenburg gelangten, lag ein wichtiger Akzent der Vereinsaktivitäten noch in der Erstellung genauer Kartenwerke der sichtbaren Bodendenkmäler unter der Regie seines ersten Vorsitzenden, des Generalkommissärs (Regierungspräsidenten) *Franz Josef Wigand Edler von Stichaner* (1769–1856).

Ihren eigentlichen Aufschwung nahm die archäologische Erforschung des Weißenburger Raumes jedoch erst im späten 19. Jahrhundert. Sie war im wesentlichen getragen von *Dr. Heinrich Eidam* (1849–1934), Medizinalrat in Gunzenhausen, *Wilhelm Kohl* (1848–1898), Apotheker in Weißenburg, und *Friedrich Winkelmann* (1852–1934), Gutsbesitzer in Pfünz. Sie waren nicht nur die Hauptinitiatoren der 1879 in Gunzenhausen, 1886 in Eichstätt und 1889 in Weißenburg gegründeten Altertumsvereine, deren Sammlungen sie zugleich einrichteten,

5 Apotheker
Wilhelm Kohl
(1848–1898).

16

6 Luftaufnahme des Kastells Weißenburg von Westen. Zustand vor 1962.

sondern wurden auch alle drei Streckenkommissare der 1891 von dem
Historiker *Theodor Mommsen* (1817–1903) angeregten Reichslimeskommission (deren Mittel 1892 nicht zuletzt durch den engagierten
Einsatz des nationalliberalen, von den Grabungen Kohls beeindruck-
ten Reichstagsabgeordneten *Wilhelm Tröltsch* aus Weißenburg bewil-
ligt wurden). Mit ihnen begann die planmäßige, auf Ausgrabungen
und exakter Vermessung beruhende Erforschung der Limesanlagen
(Palisaden, Flechtwerkzaun, Holz- und Steintürme) an den Strecken
13 und 14 samt der rückwärtigen Straßentürme und Kastelle, deren
Entdeckung, Untersuchung und detaillierte Beschreibung vor allem
ihr Werk ist. Veröffentlicht wurden ihre Forschungsergebnisse in dem
14bändigen Monumentalwerk »Der obergermanisch-raetische Limes« (vgl. Literaturverzeichnis S. 116), das unter der Federführung
von *Ernst Fabricius* (1857–1942), Professor für Alte Geschichte in
Freiburg, entstand.
Der Nachweis eines Auxiliarkastells bei Weißenburg selbst gelang erst
1890 bei einer Ausgrabung des Weißenburger Altertumsvereins unter

der Leitung Kohls, nachdem *Friedrich Ohlenschlager* (1840–1916) schon 1884 die Existenz eines Kastells in der Flur »Kesselfeld« aufgrund theoretischer Erwägungen erstmals postuliert, von ihm veranlaßte Nachgrabungen jedoch zu keinem eindeutigen Ergebnis geführt hatten. Zuvor hatte man dort nur eine Zivilsiedlung vermutet, das zugehörige Kastell jedoch 2,5 km östlich der Stadt, am Platz der Wülzburg oder des Burgstalls »Alte Bürg« gesucht. Beim Tode Kohls (1898) waren die wesentlichen Teile des Kastells – freilich ohne die Holzbaustrukturen – untersucht und soweit als möglich konserviert. Notwendige Ergänzungen dieser Arbeiten wurden bis 1917 von seinen Nachfolgern, den Kommerzienräten *Julius Tröltsch* (1841–1910) und *Max Raab* (1860–1946), ausgeführt. Dank der Bemühungen Raabs ging das Kastellgelände 1914 in den Besitz des Regierungsbezirks über, wodurch es dem Schicksal einer Überbauung entging.

Die Zeit nach Gründung des Bayerischen Landesamts für Denkmalpflege (1908) ist zum einen gekennzeichnet durch eine Vielzahl von Notbergungen, Beobachtungen und Funden, die meist dem Einsatz ehrenamtlicher Mitarbeiter zu verdanken sind. Daneben konnte aber auch eine Reihe wichtiger Grabungen durchgeführt werden: sog.

7 Sogenanntes Kastellbad von 1926 (vgl. Abb. 8, 38.2). Links: Apsis zu Raum 2; rechts: Raum 17 (Apsis zu Raum 13).

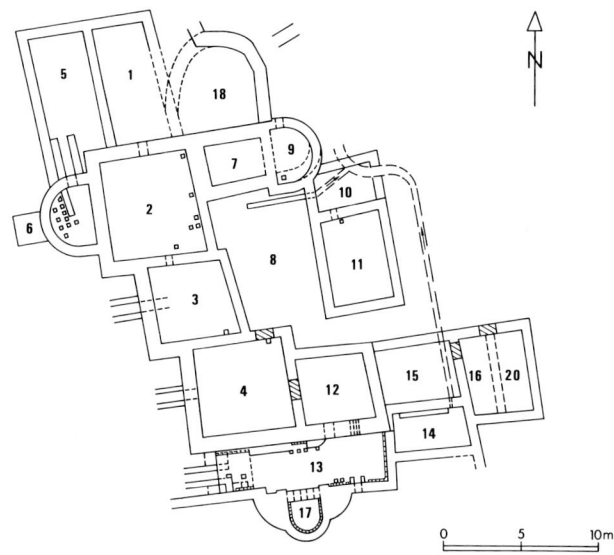

8 Grundriß des kleineren, 1926 teiluntersuchten Badegebäudes (sog. Kastellbad).

Kastellbad (1926), Feldlager (1976, 1979 und 1984) und große Thermen (1977 und 1980–1983) bei Weißenburg; sog. Burgus bei Burgsalach (1916/17 und 1965); Numeruskastell Ellingen (1980–1982); Villa rustica bei Schambach (1964); Kastellbad (1968–1970), Verwahrfund (1975) und Erdlager (1976) bei Theilenhofen. Da sich die bisherige Konservierung der Weißenburger Kastellfundamente nicht bewährt hatte, wurde 1965 alles sichtbare Mauerwerk wieder zugeschüttet und oberirdisch durch eine provisorische Plattenabdeckung gekennzeichnet. Ebenfalls 1965 wurde im Städtischen Museum die vor- und frühgeschichtliche Schausammlung neu eingerichtet. Zahlreiche Luftbildbefunde römischer Anlagen sind seit 1976 der Initiative von Josef Mang und Otto Braasch vom Weißenburger Segelflugverein zu verdanken. Besondere Beachtung verdient endlich der aufsehenerregende, 1979 entdeckte Schatzfund von Weißenburg, der seinen Platz im neuen »Römermuseum Weißenburg« gefunden hat und ebenso wie die große, durch vollständige Überdachung geschützte Thermenanlage dem Besucher die Bedeutung des Ortes in der Römerzeit eindrucksvoll vor Augen führt.

Der historische Rahmen

Als nach der Eroberung Galliens und dem Alpenfeldzug die geplante Okkupation Germaniens bis zur Elbe im Jahre 16 n. Chr. scheiterte, wurde der Rhein wieder römische Reichsgrenze. Das 15 v. Chr. eroberte Alpenvorland blieb daher zunächst außerhalb der Interessensphäre Roms, bis schließlich die Römer, wohl im Zuge der Einrichtung Rätiens als kaiserliche Provinz, die Grenze zur Donau vorschoben. Spätestens unter Claudius (41–54) bildete nun eine Kette sog. Auxiliarkastelle (Hilfstruppenlager) die Nordgrenze der Provinz. Der nächste, für die spätere Grenzorganisation entscheidende Schritt erfolgte nach den Wirren des Jahres 69, als der bisherige, über Basel führende Rhein–Donau-Weg durch eine schnellere Verbindung abgekürzt werden mußte. In mehreren Aktionen wurde daher vor allem durch Domitian (81–96) die Rheingrenze zum Neckar und die Donaugrenze auf die Alb vorgeschoben. Spätestens um 90 n. Chr. müssen auch Teile des fruchtbaren Juravorlandes und das Ries durch den »Alblimes«, eine von Gomadingen über Weißenburg verlaufende Kastellinie, der Provinz einverleibt worden sein. Der an der Altmühl auffallend weit nach Norden stoßende Keil der domitianischen Grenzlinie könnte sogar auf ein älteres strategisches Konzept hinweisen, von hier aus weitere Vorstöße zur Verkürzung der Reichsgrenze zu führen, das jedoch nicht verwirklicht wurde. Bei moderner Untersuchung der nur sehr lückenhaft erforschten Hauptkastelle des Weißenburger Landes könnte sich daher die bisher vertretene Ansicht vom Gründungsdatum dieser Anlagen (»um 90 n. Chr.«) zugunsten einer früheren Datierung noch etwas verschieben. Die Einbeziehung des beherrschenden Hesselbergmassivs am Limesknick bei Ammelbruch erfolgte frühestens unter Trajan (98–117), als man damit begann, den Limes in mehreren Ausbauphasen in seinem heutigen Verlauf anzulegen: zunächst durch Gründung wichtiger Kastelle (z. B. Theilenhofen), seit Hadrian (117–138) namentlich durch Anlage einer

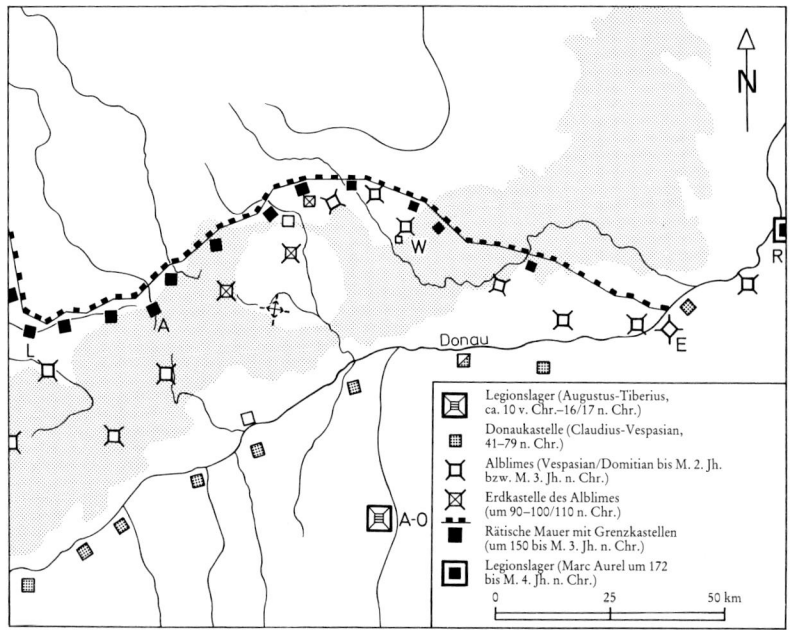

Legionslager (Augustus-Tiberius, ca. 10 v. Chr.–16/17 n. Chr.)

Donaukastelle (Claudius-Vespasian, 41–79 n. Chr.)

Alblimes (Vespasian/Domitian bis M. 2. Jh. bzw. M. 3. Jh. n. Chr.)

Erdkastelle des Alblimes (um 90–100/110 n. Chr.)

Rätische Mauer mit Grenzkastellen (um 150 bis M. 3. Jh. n. Chr.)

Legionslager (Marc Aurel um 172 bis M. 4. Jh. n. Chr.)

0   25   50 km

9 Die Lage des Kastells Weißenburg (W) im strategischen Konzept der militarischen Besetzung Nordwesträtiens. A Aalen; A-O Augsburg-Oberhausen; E Eining; L Lorch; R Regensburg.

durchgehenden Grenzwehr sowie kleinerer, dicht dahinter errichteter Kastelle (z. B. Ellingen) und Feldwachen. Zunächst als Patrouillenweg mit Holztürmen, danach teils als Palisade, teils als Flechtwerkzaun mit dahinterstehenden Wachttürmen angelegt, wurde der Limes in Rätien frühestens nach den Markomannenkriegen (166–180) durch eine 1,20 m breite und 3–4 m hohe gemörtelte Steinmauer mit dahinterliegenden Türmen in der gleichen Technik ersetzt. Entsprechend wurden auch die bestehenden, in Holz-Erde-Bauweise errichteten Kastelle im Rahmen eines umfassenden Bauprogramms unter Antoninus Pius (138–161) in Stein ausgebaut. Spätere Bautätigkeiten erfolgten vor allem unter Commodus (180–192) und Caracalla (212–217). Die Kastelle und Siedlungen mußten schließlich im Gefolge der Alamanneneinfälle von 233, 253/54 und 259/60 von den Römern geräumt werden, die sich wieder – ähnlich wie zu Beginn ihrer Eroberungen – auf die Flußgrenzen von Rhein und Donau zurückzogen (s. S. 114f.).

21

Weißenburg als militärischer Hauptort

Die römischen Truppen in Weißenburg

Wie an allen Limesstrecken waren auch im Kastell Weißenburg nicht Legionäre, sondern Hilfstruppen (*auxilia*) eingesetzt. Seine Stammtruppe bildete zweifelsohne die epigraphisch mehrfach bezeugte *Ala I Hispanorum Auriana*, ein nach seinem ursprünglichen Aushebungsgebiet benanntes Reiterregiment von 480 Mann (*ala quingenaria*). Es war in 16 *turmae* zu je 30 Reitern untergliedert und lag dort wohl von Anfang an bis zur Aufgabe des Kastells. Kurz vor 162 n. Chr. wurde diese älteste, angesehenste und am besten besoldete Truppe des dortigen Limesabschnitts wohl zur Teilnahme an den Partherkriegen abgezogen, war aber spätestens um 183 n. Chr. wieder zurück. Aus Weißenburg kennen wir außerdem die *Cohors IX Batavorum equitata milliaria exploratorum*; sie ist auf einem Weihestein wohl des 2. Jahrhunderts an Jupiter erwähnt und dürfte nach K. Dietz am ehesten aus dem Fahnenheiligtum des Kastells stammen. Diese gemischte Einheit aus Reiterei und Infanterie von etwa 1000 Mann oder eine Abteilung dieser Truppe war vielleicht bei Aufbauarbeiten nach den Markomannenkriegen dort tätig gewesen, könnte aber auch die Ala Auriana in deren Abwesenheit zeitweise vertreten oder in Gefahrenzeiten verstärkt haben (vgl. auch S. 28, 30).

1 ALAET HIS PANORVMAVRIANAE   2 ᴀ ꟿ ᴀ ꟿ ꞩ

3 COH IX BAT EQOO EX PL

10 Epigraphische Zeugnisse der in Weißenburg stationierten Truppeneinheiten. 1–2 Nennungen der *Ala I Hispanorum Auriana* im Weißenburger Militärdiplom (1) und auf einem gestempelten Plafondziegel aus dem Fahnenheiligtum (2). – 3 Nennung der *Cohors IX Batavorum equitata milliaria exploratorum* auf einem Weihealtar für Jupiter.

Befehlshaber der Weißenburger Reitertruppe war ein vom Kaiser selbst eingesetzter Präfekt aus ritterlichem Stande. Ihm unterstanden auch die Besatzungen der umliegenden Limeskastelle Gunzenhausen (Numeruskastell 0,7 ha; Kleinkastell 0,4 ha), Theilenhofen (Kohortenkastell Abb. 12.3), Ellingen (Numeruskastell Abb. 12.1), Oberhochstadt (Numeruskastell?) und Burgsalach (Kleinkastell Abb. 12.2, 13; dabei Holz-Erde-Lager/Kohortenkastell?). Wichtigster Stützpunkt war zweifellos das 2,7 ha große Kastell *Iciniacum*-Theilenhofen der *Cohors III Bracaraugustanorum (equitata)*, einer rund 600 Mann starken gemischten Einheit aus Reiterei und Infanterie. Sie war dort spätestens seit der Mitte des 2. Jahrhunderts stationiert, als am Platz eines hölzernen, wohl um 100 n. Chr. errichteten Vorgänger-

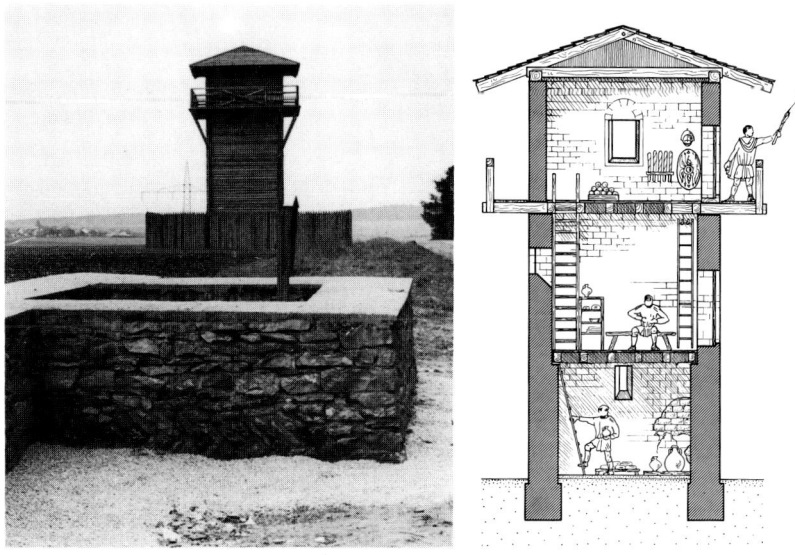

11 Burgsalach. Konservierte Grundmauern des Limes-Wachtpostens 14/48 (links) und Schnitt durch einen solchen Steinturm aus der letzten Ausbauphase des rätischen Limes (rechts). Der rekonstruierte, nicht auf antiken Fundamenten errichtete Holzturm (links) vermittelt lediglich einen ungefähren Eindruck vom Aussehen eines derartigen Wehrbaus, wie er auch am dortigen Streckenabschnitt – für die ältere Ausbauphase – bezeugt ist.

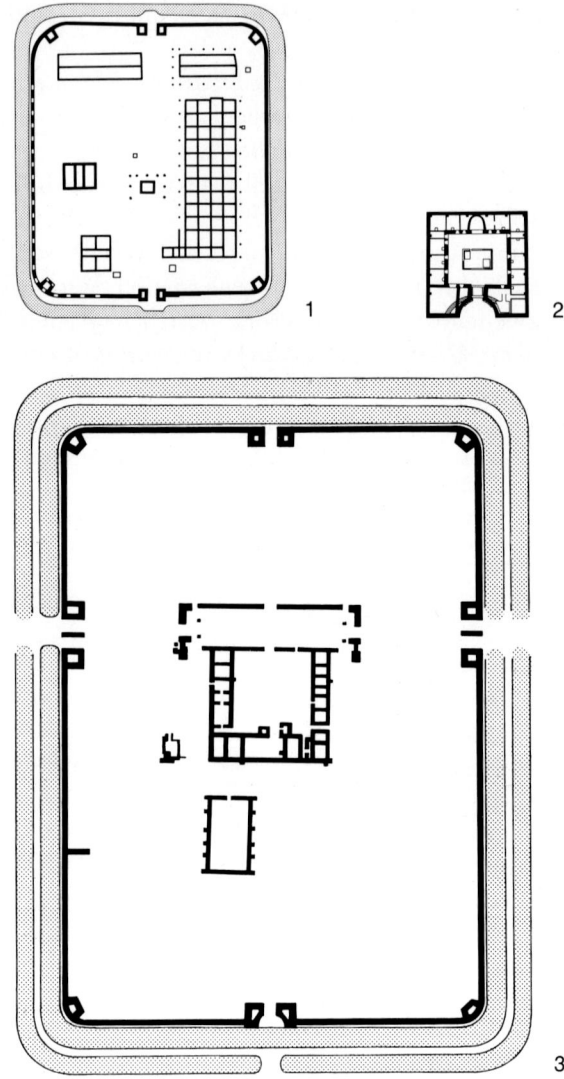

12 Römerkastelle des Weißenburger Landes im Größenvergleich (M. 1 : 2500): 1 Ellin-gen-*Sablonetum* (0,7 ha), für einen Numerus. Exploratoren-Vorposten der Weißenburger Stammtruppe? – 2 Burgsalach (0,1 ha); wohl *centenarium*, Kaserne für eine Hundertschaft. Benefiziarierstation? – 3 Theilenhofen-*Iciniacum* (2,7 ha), für die *Cohors III Bracaraugu-stanorum equitata* (Fläche des Weißenburger Alenkastells Abb. 15, 17.1: 3,1 ha).

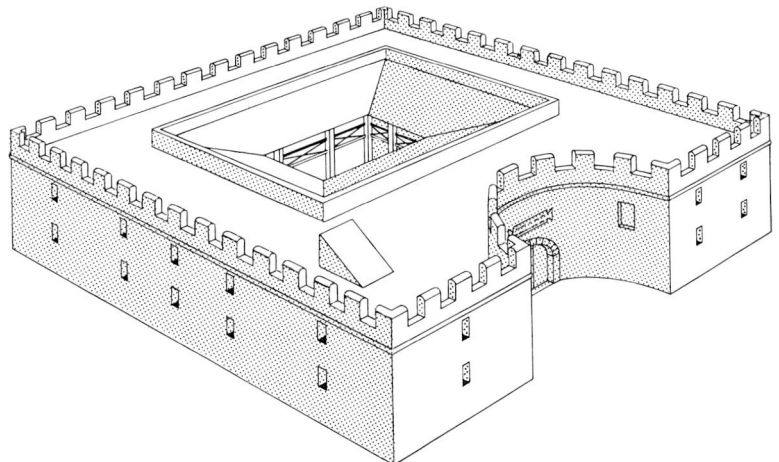

13 Rekonstruktionsversuch des sog. Burgus bei Burgsalach. Der Grundriß dieses aus der Spätzeit des Limes stammenden Kleinkastells (Abb. 12.2) ist am obergermanisch-rätischen Limes einmalig. Das Besondere an ihm sind die quadratische, recht kräftige und zweifellos ziemlich hohe Wehrmauer, der zweistöckige Aufbau und der Sachverhalt, daß die Innenräume unmittelbar an die Außenmauer angebaut worden sind. Der geschlossene Bau, der nur einen einzigen, großzügig gestalteten Eingang mit einem weiten halbkreisförmigen Vorhof hat, wird als *centenarium*, die kasernenartige Unterkunft für eine Hundertschaft, angesprochen.

baus das Steinkastell entstand. Ein 1976 dicht westlich davon entdecktes Holzkastell (1,9 ha) diente offenbar während der Bauzeit des älteren Kastells als nur kurzfristig belegtes Arbeitslager. Modern erforscht ist bisher nur das um 120 n. Chr. als Holzkastell erbaute, 182 n. Chr. in Stein ausgebaute Kastell *Sablonetum*-Ellingen, dessen antiker Name aus einer 1980 entdeckten Bauinschrift hervorgeht. Danach fungierte als Bautruppe eine Spezialeinheit ausgewählter Elitesoldaten unter Aufsicht eines Centurio der Regensburger Legion. Das 80 × 90 m große Steinkastell (Nordfront mit Westturm teilrekonstruiert), das Platz für ca. 200 Mann bot, lag in Sichtweite des 4 km entfernten Kastells Weißenburg und diente vielleicht zeitweise als Exploratoren- bzw. Aufklärungs-Vorposten der dort stehenden Bataverkohorte, ansonsten vielleicht als militärische »Werkstatt« für eine Arbeitsabteilung des Hauptkastells. Letzterem sind überdies zwei weitere Lager im Stadtgebiet von Weißenburg zuzuordnen (s. S. 28–30).

25

Das Kastell *Biriciana*

Das 3,1 ha große, um die Mitte des 2. Jahrhunderts in Stein ausgebaute Alenkastell *Biriciana* liegt knapp 6 km südlich des Limes auf einem strategisch günstigen Geländevorsprung über den Tälern der Schwäbischen Rezat und des Brühlbaches. Noch heute bewahrt der Flurname »Kesselfeld«, der sich lautgeschichtlich von »castell(um)« ableiten läßt, die Erinnerung an diesen geschichtsträchtigen Ort. Obgleich viele Fragen zur Bauweise und Geschichte des Kastells infolge der unzulänglichen Ausgrabungsmethoden der Jahre 1890–1913 offen bleiben müssen, läßt sich nach den bisherigen Befunden doch wenigstens sein ungefähres Aussehen ermitteln (Abb. 15–17).

Danach besaß das Steinkastell einen annähernd quadratischen Grundriß von 174/176 × 179 m Ausdehnung, eine Umfassungsmauer mit Toren an den vier Seiten und einen vorgelagerten Doppelspitzgraben. In den Ecken, an den Toren und den dazwischenliegenden Abschnitten der Umfassungsmauer standen insgesamt 20 Türme. Das Haupttor in der Südfront (*porta praetoria*) und die beiden Seitentore (*porta principalis dextra* und *sinistra*) besaßen zwei Durchfahrten; das Nordtor (*porta decumana*) war nur einspurig gebaut, wies jedoch als architektonische Besonderheit zwei halbrund vorspringende Flankentürme auf. In der Mitte des Kastells lag die – in einem späten Baustadium verkleinerte – Kommandantur (*principia*) mit einer Vorhalle über der

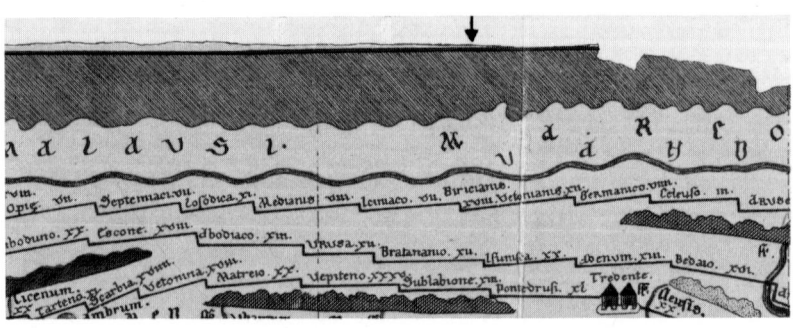

14 Römische Straßenkarte Tabula Peutingeriana (Ausschnitt): *Biricianis*-Weißenburg (Pfeil) liegt an der Straße zwischen *Iciniaco*-Theilenhofen und *Vetonianis*-Pfünz.

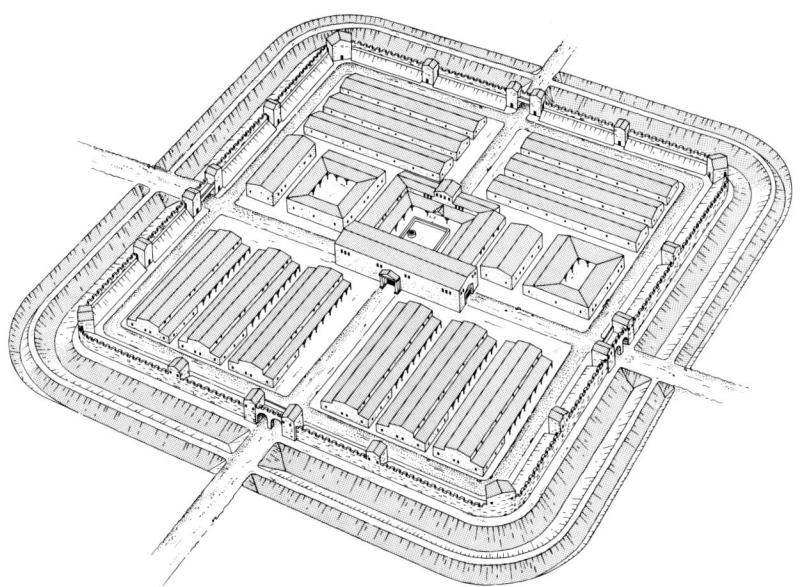

15   Rekonstruktionsvorschlag des Alenkastells in der Ansicht von Südosten.

in Ost-West-Richtung verlaufenden Hauptstraße (*via principalis*), den Waffenkammern zu beiden Seiten eines Innenhofs sowie Verwaltungsräumen und dem Fahnenheiligtum im Rücktrakt (Abb. 16). Östlich des Zentralbaus befanden sich ein Getreidespeicher (*horreum*) und das Wohnhaus des Kommandanten (*praetorium*), im Westen schwer zu deutende Reste von teilweise beheizbaren Baulichkeiten, die vielleicht zu einem Lazarett (*valetudinarium*), Magazinen oder Werkstätten gehörten. In den restlichen Flächen reihten sich die in leichter Fachwerkbauweise errichteten Baracken und Stallungen auf, von denen bei den früheren Grabungen allerdings kein einziger Grundriß vollständig ermittelt werden konnte. Auch das in Holz-Erde-Bauweise errichtete, nach Ausweis der Funde, spärlichen Einzelbeobachtungen und historischen Erwägungen wohl unter Domitian (81–96 n. Chr.) am Platz des späteren Steinkastells entstandene Vorgängerlager wurde bei den Grabungen der Reichslimeskommission nicht erkannt. Ein 1892 an der Hauptstraße nahe dem Westtor ergrabener Münzschatz (Abb. 77) zeigt uns das Ende des sicher schon im Katastrophenjahr 233 hart betroffenen Kastells etwa 253/254 an.

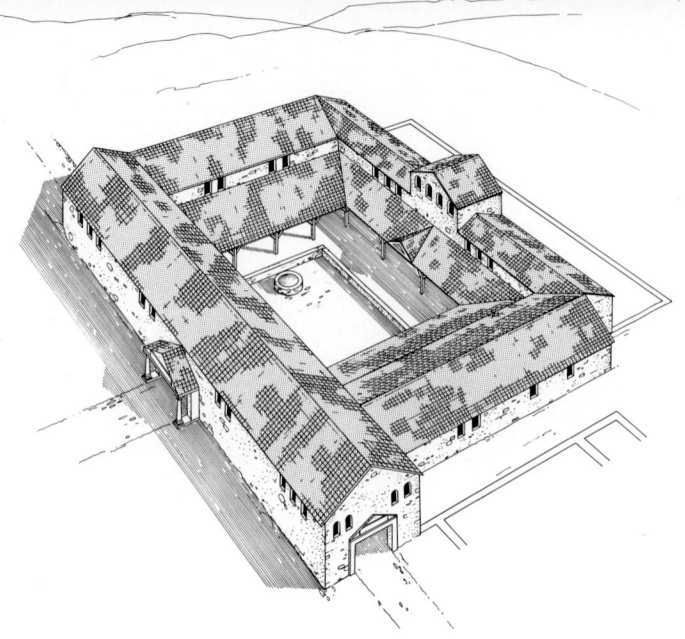

16   Rekonstruktion des Stabsgebäudes aufgrund der Grabungen von 1890 bis 1905.

Das Feldlager

Die militärische Bedeutung des Weißenburger Raumes wird noch durch zwei wichtige Entdeckungen der Luftbildarchäologie unterstrichen. Durch sie wurde 1976 am nordöstlichen Stadtrand von Weißenburg in der Flur Breitung, rund 1,6 km vom bekannten Kastell entfernt, der leicht zu einem Parallelogramm verschobene Grundriß eines 240 × 160 m großen Lagers von 3,05 ha Innenfläche entdeckt (Abb. 17). Es besitzt Doppelspitzgräben mit torartigen Unterbrechungen ungefähr in der Mitte der Süd-, West- und Nordseite, denen als Annäherungshindernis ein kurzes Grabenstück (*titulum*) vorgelagert ist. Nach den Befunden dreier Grabungen (1976, 1979, 1984/85) handelt es sich um ein reines Erdkastell mit barackenartigen Holzbauten im Innern, das offensichtlich nur als kurzfristig benutztes Militärlager diente. Eine ganz ähnliche Grundrißform der Lagertore (einfache Durchlässe mit vorgesetzten Kurzgräben) und Bauweise der Bewehrung (einfaches Wall-Graben-System) wurde vor allem am Niederrhein und

28

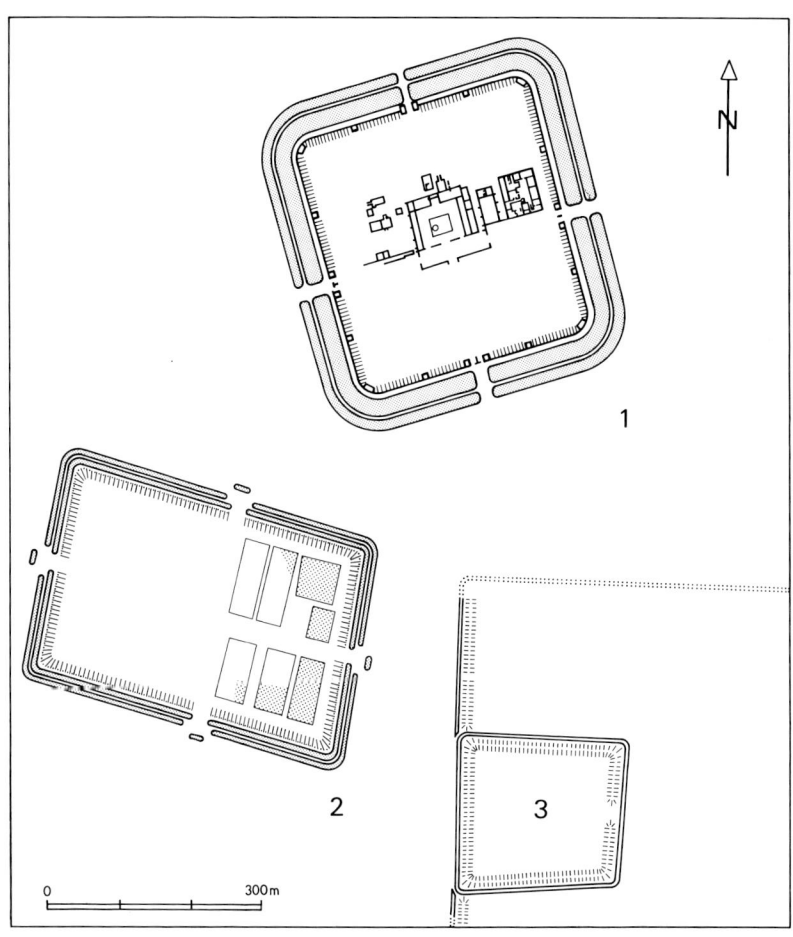

17 Weißenburg. Die Grundrisse der beiden Römerlager (1–2) und der spätkeltischen »Viereckschanze« (3) im Größenvergleich (M. 1 : 5000): 1 Vereinfachter Plan des bekannten Steinkastells am Westrand der Stadt. 2 Grabensystem des sog. Feldlagers am nordöstlichen Stadtrand (ca. 1,6 km vom Steinkastell entfernt; ehem. Holz-Erde-Mauer und bisher nachgewiesene Innenbebauung schematisiert). 3 Grabensystem der spätkeltischen »Viereckschanze« (Kultplatz mit großem, umhegtem Vorbezirk; ca. 70 m südöstlich des Feldlagers; ehem. Wallverlauf schematisiert); letztere gehört zeitlich und kulturell noch der spätkeltischen Zivilisation an, die im Weißenburger Raum der Zeit der Römerherrschaft unmittelbar vorausging (vgl. auch S. 50 f. mit Abb. 36).

in England an Übungslagern beobachtet. Das leider nur sehr spärliche Fundmaterial aus den durchschnittlich 4 m breiten und 2 m tiefen Gräben spricht am ehesten für eine Datierung der Anlage in das 2. Jahrhundert n. Chr. Ein Bezug zum Alenkastell *Biriciana*, das etwa die gleiche Grundfläche einnimmt, erschiene somit recht plausibel. Obgleich die wenigen Funde eine nähere zeitliche Einordnung und Deutung der Anlage (etwa als Feldlager aus der Zeit der Markomannenkriege) nicht erlauben, zeigen die festgestellten Spuren von Innenbauten und einige beachtenswerte Befunde aus den Grabenpartien am Südtor immerhin, daß das Lager nicht reinen Übungszwecken diente, sondern tatsächlich eine ganz konkrete Rolle im Zusammenhang mit einer anzunehmenden Auseinandersetzung gespielt haben muß. So fanden sich als vermutliche Spuren vorausgegangener Unruhen oder Kämpfe in den Gräben auf relativ kleinem Fundraum Skelettreste von mindestens sechs dort offensichtlich ums Leben gekommenen Menschen (vier oder fünf Männer, evtl. eine Frau, ein Kind) sowie Teile von Tierkadavern (mindestens zwei Pferde, ein Hund). Diese Befunde, aber auch die ansehnlichen Ausmaße der beiden Spitzgräben, sprechen somit deutlich für eine Funktion der Anlage als regelrechtes Militärlager (wohl Feld oder Marschlager).

Das Kastell Emetzheim

Knapp 1700 m südsüdöstlich des Steinkastells *Biriciana* wurde im Sommer 1977 auf der Talterrasse der Rezat östlich von Emetzheim (einem eingemeindeten Vorort der Stadt Weißenburg) der Teilgrundriß eines weiteren Kastells entdeckt. Nach den Luftbildern dürfte es sich um ein kleines Steinkastell handeln, wofür übrigens auch der Flurname »Steinmaueräcker« spricht. Es ist noch gänzlich unerforscht und diente offenbar einer kleineren Truppeneinheit als Unterkunft (vielleicht einer Abteilung der im Stadtgebiet inschriftlich bezeugten Bataverkohorte). Lediglich seine Datierung in römische Zeit erscheint bisher durch entsprechende Oberflächenfunde hinreichend gesichert. Weitergehende Überlegungen zur Funktion des Kastells müssen daher bis jetzt reine Spekulation bleiben; der Zusammenhang mit dem nahe gelegenen Hauptkastell ist jedoch evident.

18 Visier eines dreiteiligen Reiter-Gesichtshelms aus dem Vicus des römischen Kastells. Bronze, mit Vergoldungsspuren.

Bewaffnung und Ausrüstung

Ein wirklichkeitsnahes Bild vom Aussehen der rätischen Auxiliartruppen, ihrer Bewaffnung und Ausrüstung vermitteln uns sowohl Originalfunde als auch zeitgenössische bildliche Darstellungen (vor allem Reliefs auf Grabmälern der Rheinzone oder auf der Trajanssäule in Rom). Sie zeigen, daß Rüstung und Waffen der Auxiliarsoldaten im großen und ganzen die gleichen waren wie die der Legionäre. Den wohl lebendigsten Eindruck vom Aussehen römischer Auxiliarreiter, wie sie auch in Weißenburg stationiert waren, geben uns die bekannten, fast lebensgroßen Darstellungen auf der Trajanssäule in Rom. Danach waren die Reiter wie die Auxiliarinfanterie durch kurzärmelige Kettenpanzerhemden mit ausgeschnittenem Halsteil geschützt. Um den Hals hatten sie ein Halstuch geschlungen. Unter dem eisernen Kettenpanzer trugen sie eine kurze hemdartige Tunika aus Leinen oder Wolle, die mit einem Ledergürtel (*cingulum*) zusammengehalten wurde. Als Beinkleider trugen sie wadenlange enganliegende Hosen

31

(wahrscheinlich aus Leder), an den Füßen die üblichen Soldatenschuhe (*caligae*) mit genagelten Sohlen und geschlitztem Oberleder (Abb. 20, 21). In den nördlichen Provinzen des Römerreiches, also auch im Weißenburger Raum, wird man sich den rauheren Klimabedingungen angepaßt und in der kalten Jahreszeit wohl zusätzlich Fußlappen oder wollene Socken (durch Inschriften aus England bezeugt) getragen haben. Als wirksamer Schutz gegen Regen und Kälte diente den römischen Truppen schließlich noch ein mantelähnlicher Umhang aus Wollstoff oder Filz, der vorne an der rechten Schulter durch eine »Soldatenfibel«, eine Art Sicherheitsnadel (Abb. 95, 96), zusammengehalten wurde.

Zu den Schutzwaffen der römischen Auxiliarreiter gehörten Helm, Schild und Panzer. Als Angriffswaffen dienten für den Nahkampf Schwert, Dolch und Stoßlanze, für den Fernkampf dagegen Wurflanzen sowie Pfeil und Bogen. Realistische Darstellungen von der Verwendung dieser Waffen durch Auxiliartruppen im Kampf finden sich vor allem auf der schon erwähnten Trajanssäule in Rom.

19 Bronzene, durchbrochen gearbeitete Zierbeschläge der Reiterausrüstung.

20 Soldat und Pferd in ihrer Ausrüstung.

Der meist aus dickem Bronzeblech gefertigte Reiterhelm (*galea*) besaß gewöhnlich eine halbkugelige, leistenverstärkte Kappe mit bügelartigem, verstellbarem Stirnschutz, Ohrausschnitten, weit herabgezogenem Nackenschutz und beweglichen Wangenklappen. Er war in der Regel reicher verziert als der seines Kameraden zu Fuß (Abb. 33) und trug nicht selten eine Aufsteckvorrichtung für einen Helmbusch aus Federn oder Pferdehaar. Fast alle im Weißenburger Raum bisher gefundenen Reiterhelme bzw. Helmteile wurden jedoch kaum jemals im Kampf getragen, sondern waren Bestandteile ausgesprochener Paraderüstungen (s. S. 42–47).

Im Gegensatz zur schwer bewaffneten Infanterie, die mit dem halbzylindrischen Rechteckschild (*scutum*) ausgerüstet war, bevorzugte die Reiterei den leichteren – runden, ovalen oder sechseckigen – Holzschild (*parma*). Seine äußere, mit Rind- oder Ziegenleder überzogene Schildfläche war häufig verziert. Die im Schildzentrum sitzende Handhabe der eisernen Schildfessel war nach außen durch einen runden Schildbuckel aus Metall besonders geschützt.

Wie entsprechende Funde aus der Kommandantur, aber auch aus dem Hauptabwasserkanal der großen Thermenanlage, bezeugen, waren bei den Weißenburger Reitertruppen hauptsächlich zwei Arten von Panzern in Gebrauch (Abb. 21): Kettenpanzerhemden (*lorica hamata*) und Lamellen- bzw. Schuppenpanzer (*lorica squamata*). Während die Kettenpanzer in sehr diffiziler Arbeit aus kleinen, ineinander verflochtenen Eisenringchen von nur 7–9 mm Durchmesser geschmiedet waren, bestanden die Lamellenpanzer aus durchschnittlich 4,5 cm langen, schuppenförmig angeordneten Bronzeblechplättchen, die untereinander durch Bronzedrähte verbunden und auf ein Leinen- oder Lederkoller aufgenäht waren. Ferner deuten mehrere feinprofilierte Bronzescharniere bzw. -schnürhaken darauf hin, daß bei den Weißenburger Reitereinheiten gelegentlich auch Schienenpanzer (*lorica segmentata*) aus 6 bis 8 cm breiten, schuppenartig übereinandermontierten Eisenbändern verwendet wurden (Abb. 20).
Seit dem 1. Jahrhundert n. Chr. war die römische Reiterei mit der *spatha*, einem zweischneidigen langen Hiebschwert, ausgerüstet. Im

21 Teile von Ketten- und Schuppenpanzern sowie genagelte Ledersohle eines Soldatenschuhs.

22 Reitereizubehör: Sporen, Trense, Trensenseitenteil, Besatzscheibe, Augenschutzkorb einer Roßstirn, Kappzaum, Riemenverteiler, Hufschuh, Steigbügel, Knebel.

Verlauf des 2. Jahrhunderts wurde diese Angriffswaffe auch von der Infanterie übernommen und trat damit an die Stelle des berühmten, seit Jahrhunderten im Nahkampf bewährten *gladius*, des klassischen Kurzschwertes der Fußsoldaten. Aus dem Ostbau des Kastells stammen zwei bronzene Ortbänder mit gerundetem Abschluß, die aufgrund ihrer Form nur einer Spathascheide zugeordnet werden können (Abb. 23.1 u. 3). Auch der *pugio*, ein Dolch mit geschweifter Klinge, ist nur in Bruchstücken vom Ortband und der Scheide überliefert; sie kamen in der großen Thermenanlage und der bürgerlichen Niederlassung zutage (Abb. 23.2). Mit zur Bewaffnung gehörte auch das Wehrgehänge. Während Dolch und Kurzschwert jeweils an einem Ledergürtel auf der linken bzw. rechten Körperseite getragen wurden, hing das Langschwert auf der linken Hüfte an einem breiten, quer über die rechte Schulter gelegten Ledergurt (*balteus*; Abb. 23.4). Die Ausrüstung der Soldaten und ihrer Pferde, insbesondere die vielen ledernen Riemen und Gurte, waren oft mit bronzenen, zum Teil durchbrochen gearbeiteten Zierplatten, Endbeschlägen, Schnallen, Laschen, Durchzügen, Knöpfen und Anhängern amuletthaften Charakters versehen (Abb. 19, 20, 71–73).

23   Drei Ortbänder aus Bronze und Eisen: Schlußstücke von Schwert- und Dolchscheiden aus Holz oder Leder. Daneben Rekonstruktion eines Schwertgurtes *(balteus).*

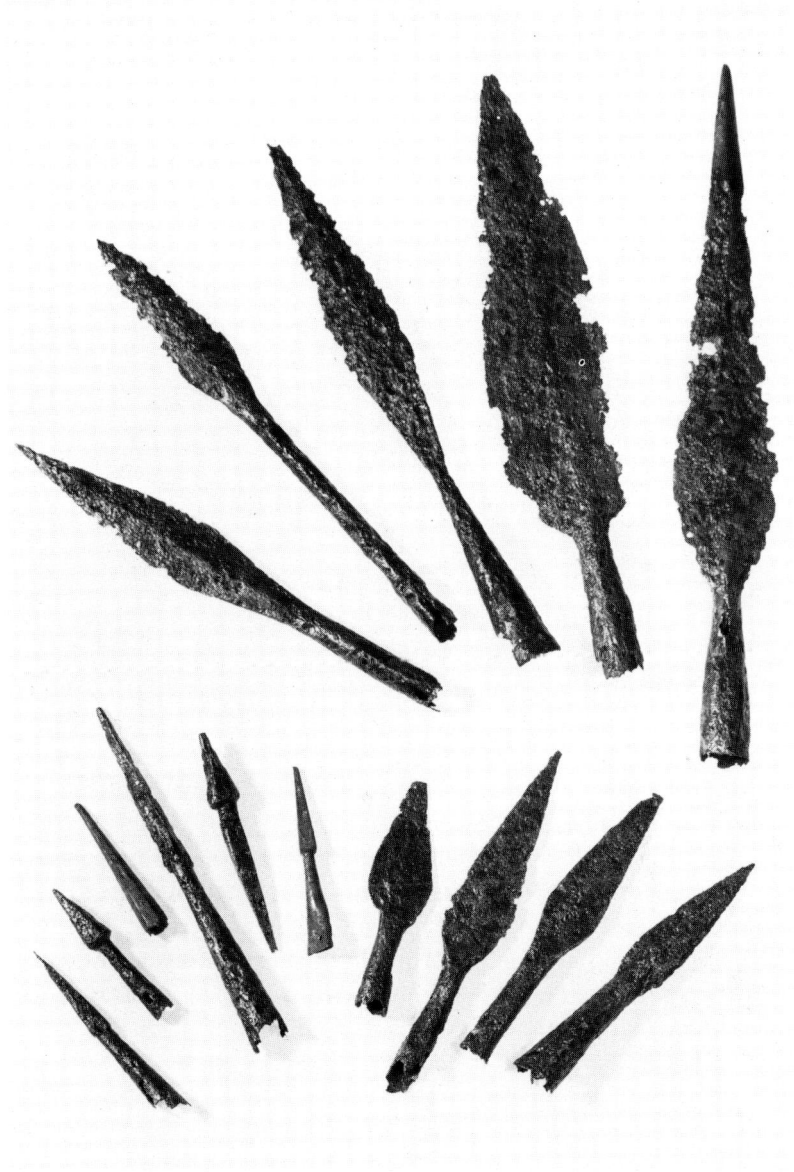

24 Eiserne und bronzene Spitzen von Stoßwaffen und Wurfgeschossen: Lanzen- und Pfeilspitzen sowie Geschoßbolzen.

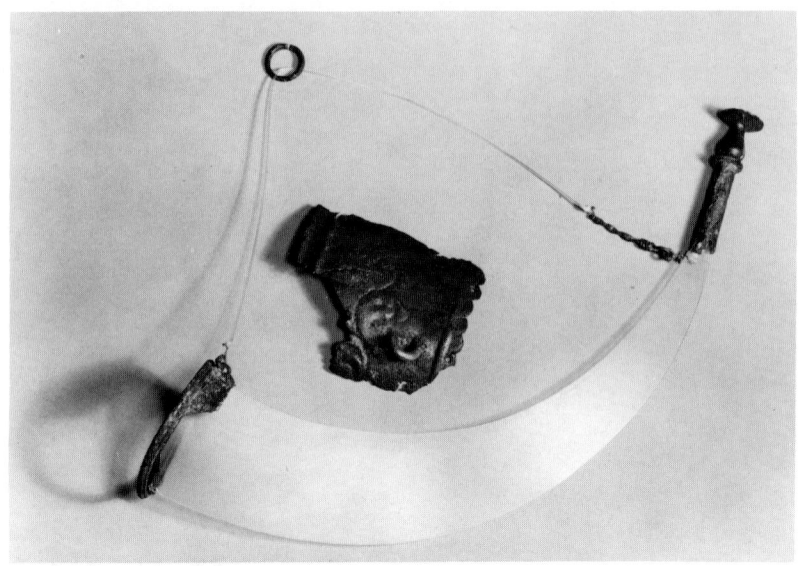

25 Bronzene Trinkhornbeschläge, z. T. vielleicht germanischer Herkunft (Handelsgut oder Beutegut?).

Von allen Waffenfunden am zahlreichsten vertreten sind die eisernen Spitzen von Stangenwaffen und Geschossen, die in Form und Größe sehr variieren (Abb. 24). Je nach Kampftaktik kamen bei den Reiterverbänden, unter denen es auch Spezialeinheiten gab, verschiedene Varianten der Lanze (*hasta*) zum Einsatz: schwere Stoßlanzen, leichtere Wurflanzen oder ganze Bündel kurzer Wurfspeere, zu denen auch Wurfgeschosse mit bolzenartiger Spitze gerechnet werden. Leichte Reitereinheiten waren oft mit Pfeil und Bogen ausgerüstet. Daneben gab es, vor allem seit dem 3. Jahrhundert, Panzerreiter (*catafractarii*), bei denen auch die Pferde einen Schuppenpanzer trugen. Das klassische *pilum*, ein besonderer Wurfspeer mit dünnem, bis zu 80 cm langem Eisenschaft und bolzenartiger Spitze, gehörte offenbar nicht zur Ausrüstung der Weißenburger Reitertruppe.
Keine Waffe, sondern vielmehr die Bekrönung eines *vexillum*, des Feldzeichens der Weißenburger Ala, wird die 44 cm hohe Eisenspitze Abb. 28.3 dargestellt haben; an ihr war einst ein Querholz befestigt, an dem ein Fransentuch mit dem Namen der Truppe hing. Drei

weitere, jedoch kleinere Bekrönungen der Form Abb. 28.1, vielleicht auch der bronzene Stangenaufsatz Abb. 28.2 in Gestalt eines Hahns, mögen dagegen den Unterabteilungen (vor allem den Turmen) als Gruppenzeichen – als *signum* mit einstmals vorhandenem Querholz, an dem Blätter aus Blech hingen – gedient haben.

Eine militärische Auszeichnung, vielleicht aber auch nur ein Zierstück vom Pferdezaumzeug, könnte eine bronzene, treibverzierte Rundscheibe mit der bärtigen Maske eines Wassergottes gewesen sein, die aus der bürgerlichen Niederlassung stammt (Abb. 27). Das Stück mag einst zu einem Brustschmuck aus Metallscheiben (*phalerae*) gehört haben, mit denen man einfache Soldaten für hervorragende Leistungen dekorierte. Derartige Abzeichen gehörten zu einem nach Meriten

26 Einfachere römische Gebrauchskeramik: Vorratsbehälter für Lebensmittel und Küchengeschirr (Krug, Becher, kleine Töpfe, »Soldatenteller«, Schüssel und Schale zum Reiben bzw. Anrühren von Würzsoßen und cremeartigen Gerichten). In einem Teller Proben angekohlter, in großen Mengen gefundener Weizenkörner aus dem Horreum des Kastells, in dem die Getreiderationen für die Soldaten gespeichert wurden.

27 Rundscheibe mit bärtiger Maske eines Wassergottes: Tapferkeitsorden *(phalera)* oder
Schmuckstück vom Pferdegeschirr. Treibarbeit in Bronzeblech. Durchmesser 5,8 cm.

und Rang der Empfänger gestaffelten System militärischer Auszeich-
nungen *(dona militaria)*, die man an einzelne Soldaten oder auch an
ganze Truppenteile vergab.
Zur Ausrüstung der Weißenburger Auxiliarsoldaten gehörten neben
dem umfangreichen Reitzubehör (Abb. 22) und militärischem
Übungsgerät (schwere Holzschwerter und Weidenschilde) auch das
Marschgepäck mit dem Eßgeschirr und dem eisernen Vorrat sowie
Schanzwerkzeug (eiserne Beile, Kreuz- und Ziehhacken) und speziel-
les Handwerksgerät (z.B. Äxte, Sägen und Ketten; Abb. 80, 81).
Diese Gerätschaften benötigte die Truppe für ihre vielfältigen übrigen
Arbeiten, die heute meist zum Aufgabenbereich der Pioniere gerechnet werden, damals jedoch neben dem eigentlichen Militärdienst zu-
sätzlich verrichtet werden mußten: z.B. Errichten von Marsch- und
Standlagern, Brücken- und Straßenbauarbeiten, Steine brechen, Holz
machen, Lebensmittel- und Futtertransport. Zur Ausstattung der
sechs- bis achtköpfigen Stubengemeinschaften dürften je eine Hand-
mühle, Vorratsgefäße, Koch- und Eßgeschirr sowie Gerät für die
»Putz- und Flickstunde« gehört haben.

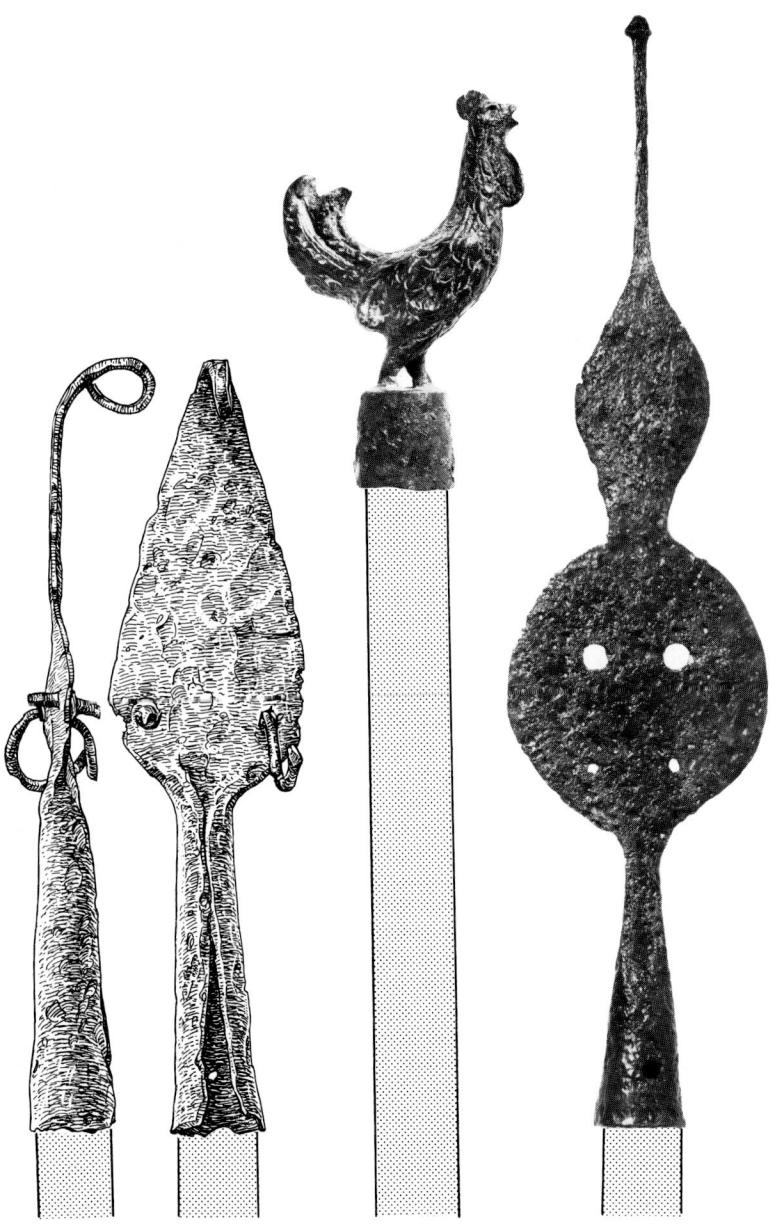

28 Bekrönungen von Standarten und Feldzeichen, die zusätzlich durch Fähnchen, Kränze und kreisförmige Scheiben (Auszeichnungen der Truppeneinheit) geschmückt waren.

29 Reiter in Paraderüstung bei einem Kampfspiel.

Reiterspiele und Vorführungen

Die alltäglichen Übungen der römischen Reiterei wurden durch
prunkvolle Schaukämpfe, Paraden und Vorführungen ergänzt, die bei
offiziellen Anlässen – z. B. an hohen Festtagen, Geburtstagen des
Kaisers, bei Feiern der Truppeneinheit, Totenehrungen oder beim
Besuch hochrangiger Gäste – stattfanden. Für solche Gelegenheiten
gab es besondere, kunstvoll verzierte Rüstungen aus dünnem Bronzeblech, die nur zur Repräsentation, nicht aber zum Einsatz bei kriegeri-
schen Auseinandersetzungen, bestimmt waren. Die Bestandteile dieser
schimmernden Rüstungen, zu deren Ausstattung insbesondere Para-
dehelme, Gesichtsmasken, Hinterhaupthelme, Panzerbleche, Bein-
schienen, Medaillons (Schildbuckel und Phaleren) sowie Pferdestirn-
panzer gehörten, haben zwar innerhalb des Römischen Reiches eine
sehr weite Verbreitung, sind archäologisch aber besonders gut in
Rätien, gerade auch im Weißenburger Raum, belegt, wo sie vor allem
in Schatzfunden, gelegentlich auch als Einzelfunde, vorkommen
(Abb. 18, 22, 30–32, 34). Zu ihnen gehören drei Gesichtsmasken und
ein Hinterhaupthelm aus dem berühmten, 1979 entdeckten Schatzfund von Weißenburg (Abb. 31; s. S. 82 ff.) sowie ein besonders
prachtvoll verzierter Paradehelm pseudo-attischer Form, der 1974 bei
einem Wettpflügen im Vicus des Römerkastells Theilenhofen zusam-

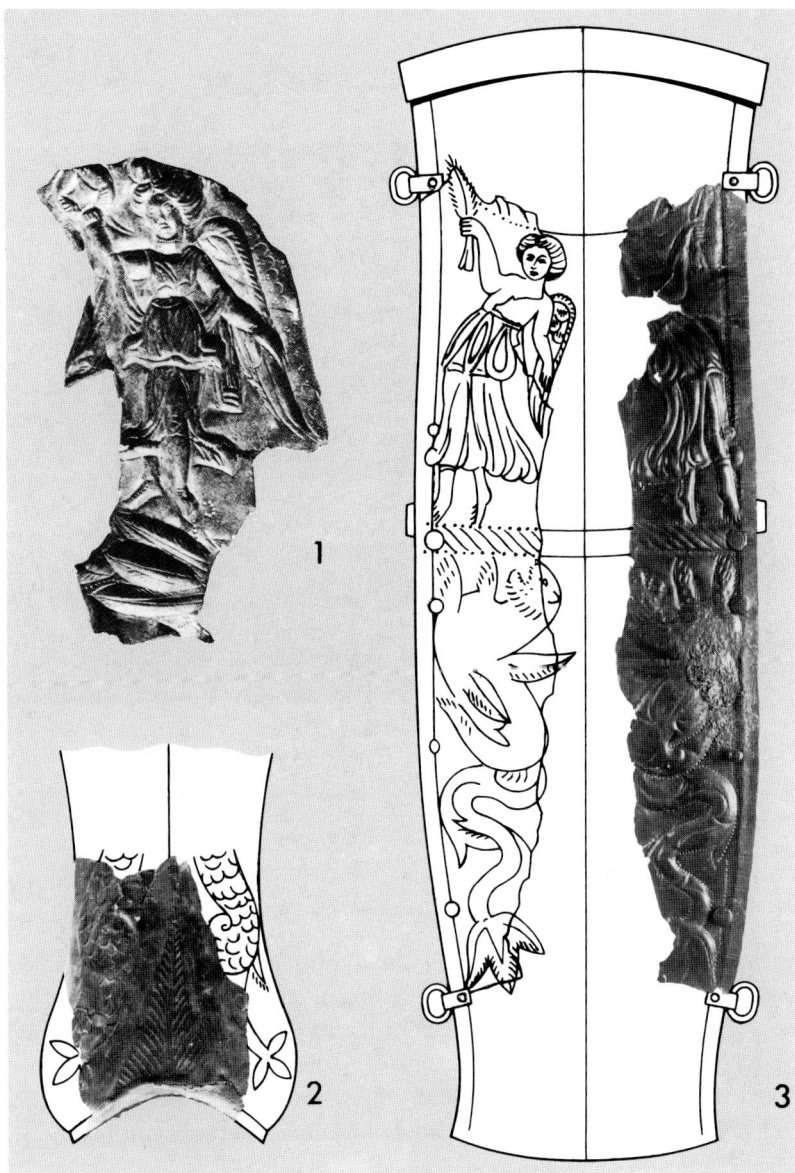

30 Teile reich verzierter Paraderüstungen aus dem großen Bad (1) und dem Kastell (2–3):
1 Fragment einer Wangenschutzklappe mit Darstellung der Victoria, 2–3 Teile von Bein-
schienen mit Darstellung von Seepanthern und schwebender Victoria.

31 Bronzene Gesichtsmaske eines Paradehelms aus dem Weißenburger Schatzfund.

men mit einem eisernen Infanteriehelm ausgeackert wurde (Abb. 33, 34). Seine zahlreichen Inschriften nennen nicht nur die dort stationierte gemischte Einheit (*Cohors III Bracaraugustanorum*), sondern bezeugen sogar mehrere (mindestens drei) Benutzer nacheinander: ein Hinweis auf die Lebensdauer und Wertschätzung des Helms wie auch auf den Sachverhalt, daß es sich um Fiskalbesitz, nicht um persönliches Eigentum, handelte.

32 Hälfte einer bronzenen Gesichtsmaske von einem mit Schlangenleibern, Stirnadler und Medusenflügeln reich verzierten Paradehelm. Aus dem Kastell. Höhe 24,4 cm.

Die auf uraltes Brauchtum zurückgehenden Reitervorführungen erfuhren besonders unter Kaiser Hadrian (117–138 n. Chr.) eine Neubelebung, freilich aus aktuellem strategischem Anlaß: der Einübung neuer Kampftechniken und Erhöhung der Schlagkraft gegen die östlichen Reitervölker, die im 2. Jahrhundert immer gefährlicher wurden. Im Jahre 136 n. Chr. überliefert der in griechischer Sprache schreibende Geschichtsschreiber Flavius Arrianus den farbenprächtigen Anblick und genauen Ablauf solcher turnierartigen Reiterspiele, bei denen Drachenstandarten mit Bronzekopf und windsackartigem Stoffleib aus bunt zusammengewürfelten Tuchstücken den Teilnehmern voranzogen (Abb. 29). Die beiden gegnerischen Mannschaften waren durch unterschiedliche Helmtypen sowie verschiedenfarbige Fahnen, Helmbüsche, Satteldecken und Kleidungsstücke gekennzeichnet. Neben »hellenistischen« Gesichtshelmen mit üppigen Stirnlocken gab es »orientalische« Exemplare mit hoher Spitzfrisur und aufgelöteten Schmucksteinen. Der überwiegende Teil der Helmtypen zeigt männlich anmutende jugendliche Gesichtszüge, doch kommen gelegentlich auch Masken mit weiblichen Gesichtern und Frisuren vor, die vielleicht Amazonen darstellen sollten.

Wie andernorts dürfte auch in Weißenburg der große Reitplatz (*campus*), auf dem die Kampfspiele ausgetragen wurden, nur wenige 100 Meter vom Kastell entfernt gelegen haben.

33 Eiserner Infanteriehelm von Theilenhofen; aus dem 1974 im Vicus des Römerkastells entdeckten Verwahrfund. Höhe 21 cm.

46

34 Aus einem Stück getriebener römischer Reiter-Paradehelm attischer Form, mit zahlreichen Inschriften und reichem Dekor aus getriebenen und gravierten Darstellungen. Aus dem
Verwahrfund von Theilenhofen. Messingbronze versilbert. Höhe 30,5 cm.

Nach einer Dienstzeit von 25 oder mehr Jahren erhielten die Auxiliar-soldaten mit der ehrenvollen Entlassung (*missio honesta*) nicht nur eine materielle Abfindung (Geld oder Landbesitz), sondern auch das römische Bürgerrecht (*civitas Romana*) und das Eherecht (*ius conubii*). Als Nachweis bekam der betreffende Veteran, der bis dahin rechtlich immer noch als »Fremder« (*peregrinus*) galt, eine beglaubigte Urkunde (*diploma militare*) mit der Abschrift des in Rom verwahrten kaiserlichen Erlasses ausgehändigt, der ihm in rechtlicher, sozialer und ökonomischer Hinsicht neue Möglichkeiten eröffnete. Mit ihm erhielten auch seine bisherige oder zukünftige Frau und die Kinder aus diesen Ehen das Bürgerrecht, was ihre gesellschaftliche Stellung entscheidend verbesserte. Waren doch die Kinder aus diesen nachträglich legalisierten Soldatenehen bis dahin noch nicht als ehelich anerkannt und zivilrechtlich lediglich ihrer Mutter, die meist »Ausländerin« war, gleichgestellt.

Da auf den Militärdiplomen nicht nur das Ausstellungsdatum und sämtliche Truppeneinheiten einer Provinz des jeweiligen Jahres verzeichnet sind, sondern auch die Namen der in Rom amtierenden Konsuln, der Provinzstatthalter und ihnen unterstellter Offiziere, der Zeugen, Empfänger und ihrer Familienmitglieder sowie deren Stammeszugehörigkeit, sind sie zugleich wertvolle historische Quellen für die Kenntnis und Lokalisierung der Provinztruppen. So beziffert das bedeutende, von den zahlreichen Funden Rätiens bisher einzige vollständig erhaltene Militärdiplom von Weißenburg (Abb. 35), das 1867/68 beim Bau des Bahnhofs gefunden wurde, die Streitmacht dieser Provinz auf vier Alen und elf Kohorten (etwa 7500 Mann). Das Diplom besteht aus zwei ursprünglich verschnürten und versiegelten Bronzetafeln. Ausgestellt wurde es am 30. Juni des Jahres 107 für den gemeinen Soldaten und Boier *Mogetissa*, den Sohn des *Comatullus*, seine Frau *Verecunda*, die Tochter des *Casatus*, aus dem Sequanerland und seine Tochter *Matrulla*. Zusammen mit dem Fragment eines weiteren Diploms aus den großen Thermen lehrt es uns ferner, daß sich die entlassenen Soldaten nicht selten auch in der bürgerlichen Niederlassung ihres letzten Garnisonsortes ansiedelten. Das Originaldiplom befindet sich heute im Römermuseum Weißenburg.

35 Weißenburger Militärdiplom vom 30. Juni 107 n. Chr. (Bronze). – Übersetzung: *Der Kaiser, des göttl. Nerva Sohn, Nerva TRAIANUS Augustus, Germanicus, Dacius, Oberpriester, im 11. Jahr seiner tribunizischen Gewalt, Imperator zum 6. Mal, Konsul zum 5. Mal, Vater des Vaterlandes, hat den unten namentlich genannten Reitern u. Fußsoldaten der 4 Alen u. 11 Kohorten (Aufzählung), die in Rätien Tiberius Julius Aquilinus unterstehen, nach 25 oder mehr Dienstjahren u. ehrenvoller Entlassung, ihnen, ihren Kindern u. deren Nachkommen das Bürgerrecht verliehen u. das Eherecht mit den Frauen, die sie bei Verleihung des Bürgerrechtes hatten, oder, wenn sie ledig sind, mit den späteren Gattinnen, jedoch immer nur mit einer; am 30. Juni 107 unter dem Konsulat des C. Minicius Fundanus u. C. Vettenius Severus. – An den in der Ala I Hispanorum Auriana – unter M. Insteius Coelenus, des Marcus Sohn, vom Stimmkörper Palatina – dienenden Gemeinen Mogetissa, Sohn des Comatullus, einen Boier, u. dessen Frau Verecunda, Tochter des Casatus, eine Sequanerin, u. deren Tochter Matrulla. – Beglaubigte Abschrift von der Bronzetafel, die in Rom hinter dem Tempel des göttl. Augustus beim Minervastandbild angebracht ist.* Tafelhöhe 16,3 cm.

Der Garnisonsort Biriciana – auch ein ziviler Hauptort

Biriciana – eine keltische Siedlung ?

Der vom Wortstamm her nicht- oder vorrömische Name *Biriciana*, dessen nähere Bedeutung wir nicht kennen, geht vielleicht auf eine keltische Vorgängersiedlung zurück. So ist es durchaus vorstellbar, daß die Römer diese Bezeichnung, nach der sie ihr neugegründetes Lager benannten, von der hier ansässigen einheimischen Bevölkerung übernommen haben. Immerhin wissen wir von einigen anderen rätischen Kastellorten wie Straubing-*Sorviodurum* oder Passau-*Boiodurum* definitiv, daß sich ihre eindeutig keltischen Namen bis in römische Zeit halten konnten, was sinngemäß auch für viele andere keltische Bezeichnungen (z. B. von Flüssen und Gebirgen) gilt.

Besondere Beachtung verdient daher der Nachweis zweier keltischer Siedlungen im Bereich des römischen Lagerdorfes und des 1976 entdeckten römischen Feldlagers (Abb. 1). Beide gehören zeitlich und kulturell noch der spätkeltischen Zivilisation an, die im Weißenburger Raum der Zeit der Römerherrschaft unmittelbar vorausging. Nach den bisher vorliegenden spärlichen Anhaltspunkten – einigen Keramikfunden und vereinzelten Glasarmringfragmenten – möchte man freilich eher an bescheidene Ansiedlungen mit nur wenigen Gehöften aus Wohn- und Wirtschaftsgebäuden denken.

Klarer ist dagegen der Befund einer ebenfalls 1976 entdeckten spätkeltischen »Viereckschanze«, die dicht neben dem neuen Römerlager in der Flur »Breitung«, im Nahbereich der dortigen Keltensiedlung, liegt (Abb. 17.3, 36). Nach Ausgrabungsbefunden des Jahres 1976 scheint diese 115 × 105 m große Anlage, die noch einen Annex aufweist, eine zusätzliche große Einfriedung in Form eines umhegten Vorbezirks gehabt zu haben. Ferner fanden sich in der unteren Einfüllung des Außengrabens zusammen mit jüngerlatènezeitlichen Scherben Reste von drei Tierarten (Rind, Schaf oder Ziege, Schwein). Diese »Schanze« war freilich keine Wehranlage – auch wenn sie mit ihrem Spitzgraben und dem heute völlig verschleiften Wall auf den ersten Blick so erscheinen mag –, sondern ein umgrenzter Kultplatz. Als mehrteilige Anlage fällt jedenfalls die Weißenburger Viereckschanze aus dem gängigen Schema der keltischen Kultplätze heraus und nimmt daher zusammen mit den wenigen vergleichbaren Anlagen eine gewisse Sonderstellung ein.

Eine Namens- oder gar Siedlungskontinuität von den Kelten bis zu den Römern läßt sich aufgrund dieser archäologischen Belege allerdings nicht ableiten, geschweige denn beweisen. Sie können bestenfalls die Möglichkeit einer gewissen Tradition andeuten, die jedoch durch aussagekräftigere Befunde erst noch bestätigt bzw. verdeutlicht werden muß. Erste, freilich höchst vage Anzeichen einer wenigstens teilweisen Überbrückungsmöglichkeit der bestehenden Kluft könnten bestimmte Formen im Weißenburger Keramik- und Fibelbestand trotz ihrer zum Teil unklaren Fundumstände immerhin andeuten, von den noch immer herrschenden Unsicherheiten bei der zeitlichen Fixierung der Gründungsdaten beider Militärlager einmal ganz abgesehen.

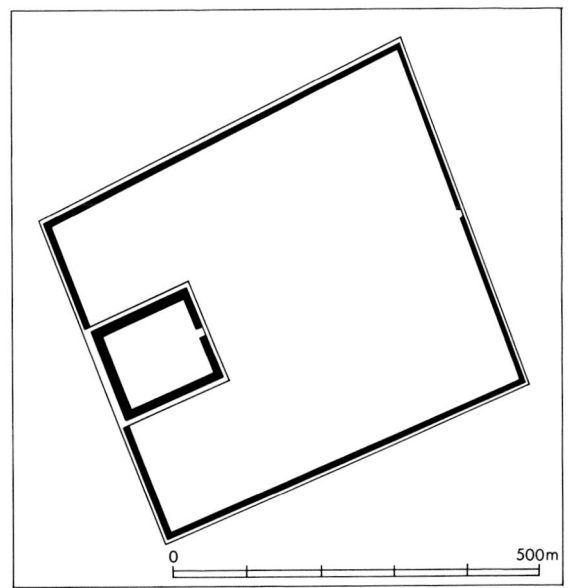

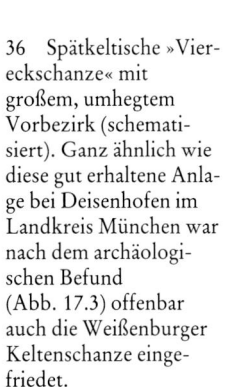

36 Spätkeltische »Viereckschanze« mit großem, umhegtem Vorbezirk (schematisiert). Ganz ähnlich wie diese gut erhaltene Anlage bei Deisenhofen im Landkreis München war nach dem archäologischen Befund (Abb. 17.3) offenbar auch die Weißenburger Keltenschanze eingefriedet.

37 Torso einer Epona-Skulptur aus Höttinger Sandstein. Erhaltene Höhe 42 cm.

Ganz anders zu bewerten ist dagegen all jenes keltische Erbe, das durch den – auch epigraphisch bezeugten – Zuzug von Personen aus anderen, ihre keltische Wesensart stärker bewahrenden Provinzen nach Weißenburg gelangte. Sein archäologischer Niederschlag äußert sich z.B. bei der Tonware im Weiterleben keltischer Formen und Verzierungsweisen, in bestimmten Trachtmerkmalen und vor allem auf religiösem Gebiet: in der Verehrung keltischer bzw. gallo-römischer Gottheiten wie *Epona* oder *Iupiter-Taranis* (durch Inschriften und Darstellungen in Stein und Bronze überliefert), aber auch in anderen Elementen des keltischen Volksglaubens (Abb. 37, 66, 71, S. 82 ff., 89 f.).

Die römische Zivilsiedlung

Vom Lagerdorf zur Kleinstadt

Auf dem Areal der keltischen Vorgängersiedlung erstreckte sich um das Alenkastell im Westen, Süden und Osten eine dorfartige Zivilsiedlung, der *vicus*. Von der Existenz dieses Vicus wußte man schon seit langem; neuere Beobachtungen zeigen indessen, daß sich dieses Lagerdorf schon bald zu einem größeren Römerort kleinstadtähnlichen Charakters entwickelt hat. Diese große Siedlung ist heute zwar weitgehend überbaut oder dem Eisenbahnbau zum Opfer gefallen, doch gibt es immerhin Anhaltspunkte dafür, daß sie eine Ausdehnung von ca. 750 m hatte (Abb. 1). In dieser stadtähnlichen bürgerlichen Niederlassung lebten vorwiegend Händler, Handwerker, Gastwirte, Soldatenfamilien und Veteranen. Ihre oftmals langgestreckten, teilweise unterkellerten Wohnhäuser und Bauten reihten sich an den Ausfallstraßen vor dem Lager auf und waren teils in Steinbauweise, teils in einer Art Fachwerkkonstruktion errichtet. Neben mehreren Töpfereibetrieben läßt sich nach Ausweis von Schlackenfunden Eisenverarbeitung auf breiterer Basis erschließen; zu letzterer gehörte anscheinend die Produktion ausgefallener Eisengeräte wie z. B. Sensen, deren Klingen bis zu 1,30 m lang waren. Weiterhin dürfte es hier Einrichtungen zur Versorgung der Durchreisenden und der weit verstreut in zahlreichen Gutshöfen des umliegenden Landes ansässigen Bevölkerung gegeben haben.

Vom römischen Weißenburg aus wurde vermutlich ein Teil jener landwirtschaftlichen Betriebe verwaltet oder kontrolliert, jedenfalls soweit diese auf militäreigenem Gebiet lagen oder anderweitig der Militärverwaltung unterstanden. Vor allem seit der Mitte des 2. Jahrhunderts scheint dieser Ort – vielleicht sogar als Hauptort einer römischen *civitas*, einer Gebietskörperschaft ähnlich einem heutigen Landkreis – wichtige wirtschaftliche und kulturelle Aufgaben erfüllt zu haben. Darauf verweisen besonders das ausgedehnte »Bäderviertel« mit der großen Thermenanlage und der sensationelle Schatzfund des Jahres 1979, dessen exzeptioneller Bestand nicht nur auf die Existenz eines ansehnlichen Heiligtums, sondern auch auf eine zentralörtliche Funktion dieses Platzes hinweist (s. S. 82 ff.).

Das Bild der Kleinstadt

Obgleich ein detaillierter Bebauungsplan der römischen Ortschaft mit all ihren militärischen und zivilen Aspekten heute nicht mehr zu ermitteln ist, läßt sich aus den wenigen überlieferten Baubefunden und Beobachtungen dennoch das Bild eines blühenden Gemeinwesens mit zentralörtlichen Funktionen erschließen. Neben dem schon erwähnten »Bäderviertel« und dem erschlossenen Kultbereich mit vielleicht mehreren Tempelbauten sind für eine solche Kleinstadt dann aber noch weitere öffentliche Gebäude kennzeichnend wie z.B. Marktplatz, Basilika, Theater, Mansio, Straßenwachtposten, zentrale Verwaltungs- und Versorgungsbauten (Umspannstation mit Übernachtungshäusern und Stallungen, Lagerhäuser für Pachtleistungen der Landbevölkerung u. ä.). Zumindest ein Teil dieser Baulichkeiten dürfte auch in Weißenburg vorhanden gewesen sein, einige davon anscheinend etwas außerhalb des engeren Siedlungsbereichs (s. S. 10, 82).

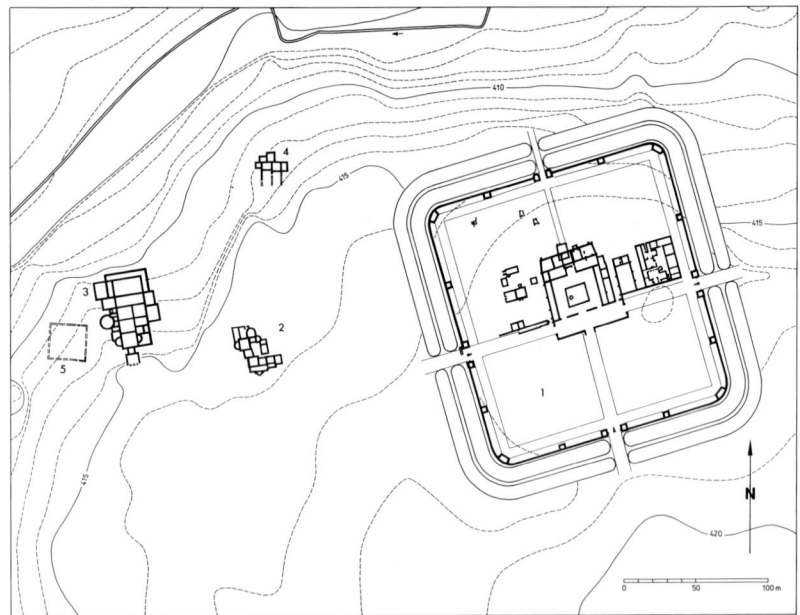

38   Weißenburg. Lageplan des römischen Militärstützpunktes *Biriciana* mit dem »Bäderviertel« am Nordwestrand des Vicusgeländes. 1 Alenkastell, 2 Bad I (sog. Kastellbad), 3 Bad II (Große Thermenanlage), 4 Bad III (Teilgrundriß), 5 Mansio (Teilgrundriß).

39   Luftaufnahme der großen Badeanlage während der Ausgrabung im Herbst 1977.

Die Thermen

In allen Provinzen des Imperium Romanum sind Bäder oder Thermen ein kennzeichnendes Element römischer Zivilisation und Kultur. Jede Stadt, jede ländliche Siedlung, ja fast jeder Gutshof hatte ein Bad, das auch beim kleinsten Limeskastell nicht fehlen durfte. Es ist daher keineswegs überraschend, daß auch in einem Römerort von der Größe und Bedeutung Weißenburgs bislang drei Bäderanlagen nachgewiesen werden konnten. Sie liegen alle nur ca. 80–200 m westlich des Alenkastells, am Nordwestrand des Vicusgeländes, wo sich einst das »Bäderviertel« befand. Die Thermen, die eine öffentliche Einrichtung für Militär und Bürgerschaft dieses stadtähnlichen Garnisonsortes waren, dienten nicht nur der Gesundheit, Hygiene und Entspannung, sondern waren zugleich gesellschaftlicher Treffpunkt – vergleichbar etwa einem Klubhaus unserer Zeit –, wo sich ein Teil des öffentlichen

Lebens abspielte, wo man Geschäfte abschloß und wo »Lokalpolitik« gemacht wurde. Sie spiegelten in Größe und Ausstattung sowohl die Bedeutung dieses Römerortes als auch einen gewissen Wohlstand seiner Bewohner wider. Dies bezeugt vor allem die repräsentative, 1977 bei Bauarbeiten entdeckte und anschließend archäologisch untersuchte große Thermenanlage (Bad II, Abb. 38.3). Die vorzüglich – bis in eine Höhe von über 2,5 m – erhaltenen Architekturreste dieses 65 × 42,5 m großen Bauwerks, bei dem es sich um eine der größten Vicusthermen in Süddeutschland handelt, sind heute, nach vorbildlicher Konservierung und Restaurierung, in einem Schutzbau zugänglich gemacht; sie führen auch dem nicht fachkundigen Besucher die Bedeutung dieser Anlage als Denkmal römischer Zivilisation und Kultur auf dem Boden Weißenburgs eindrucksvoll vor Augen.

Nicht minder bedeutungsvoll ist aber auch der wissenschaftliche Wert der Grabungsergebnisse, insbesondere die Ermittlung der komplizierten Baugeschichte (s. S. 64 ff.). Für die provinzialrömische Archäologie gewähren sie zudem neue Einblicke in die römische Badekultur und in das Alltagsleben der damaligen Bevölkerung. Zudem unterstreichen sie einmal mehr den überörtlichen Rang dieses Römerortes, dem als Standort starker und vornehmer Reitertruppen und als Kopfstation der wichtigen Römerstraße von Augsburg-*Augusta Vindelicum* obendrein vielleicht noch eine ähnliche (mehr verwaltungspolitische?) Bedeutung zukam wie dem Marktflecken Nassenfels, der als *Vicus Scuttarensium* wirtschaftlicher Mittelpunkt eines Gebietes war, das, weiter südlich gelegen, an den Weißenburger Raum angrenzte.

Daß das Bad nicht nur von den Soldaten, sondern ebenso von der Zivilbevölkerung – von Männern und Frauen – benutzt wurde, bezeugt der hohe Anteil der aufgefundenen Schmuckstücke: Finger- und Armringe, Perlen, Ohrgehänge, Fibeln, Amulette und zahlreiche Haarnadeln (Abb. 95–99). Sie fanden sich meist in den Abwasserkanälen und geben uns wichtige Hinweise auf das Leben und Treiben im Bad. So weisen mehrere medizinisch-kosmetische Instrumente wie kleine Spateln, Ohrsonden oder ein silbertauschiertes Skalpell auf die Tätigkeit eines »Baders« hin (Abb. 88). Zahlreiche Bruckstücke gläserner Balsamarien erlauben Rückschlüsse auf die Körperpflege mit wohlduftenden Salben, Parfüms oder Schminke (Abb. 60; s. S. 61). Über 70 Spielsteine und Rechenmarken aus Bein (Abb. 94) sowie

40　Blick in den gemauerten Hauptabwasserkanal der großen Badeanlage.

allerlei Tierknochenabfälle sind ein Zeichen dafür, wie eng Badbesuch und Zeitvertreib wie geselliges Beisammensein mit Sport, Würfelspiel und leiblichen Genüssen miteinander verbunden waren. Weiterhin fanden sich zahlreiche Münzen (Eintritts- und Verzehrgeld!), ein Schreibgriffel, eine Siegelkapsel, ein Senkblei und das Fragment eines Militärdiploms. Zu den Funden, deren militärischer Verwendungszweck außer Frage steht, gehören ein Reiterhelmfragment (Abb. 30.1), einige Geschoßspitzen, die Bekrönung einer Reiterstandarte (Abb. 28.1) sowie – von der Sohle des Hauptabwasserkanals – eine ganze Reihe dünner Bronzeplättchen von Schuppenpanzern.

Die Nutzung der großen Thermenanlage auch als Militärbad wirft einige Fragen auf. So wurde 1926 ca. 60 m östlich davon, in unmittelbarer Nähe des Kastells, ein ca. 34 × 30 m großes Badegebäude entdeckt und mit guten Gründen als Kastellbad gedeutet (Abb. 7, 8, 38.2). Es wies mindestens zwei Bauperioden auf, konnte jedoch leider nur in Eile mangelhaft untersucht werden. Außerdem kam 1977 bei Erdarbeiten nur ca. 70 m nördlich dieses sogenannten Kastellbades, nahe der Nordwestecke des Kastells, ein weiteres, drittes Badegebäude – u.a. mit einem großen Kaltwasserbecken – zutage, dessen Grundriß allerdings noch nicht vollständig ermittelt werden konnte (Abb. 38.4). Bisher hat es den Anschein, daß in Weißenburg zumindest zeitweise mehrere Badeanlagen nebeneinander bestanden. Denkbar wäre z.B., daß der Bau mehrerer Bäder mit einer Einwohnerzunahme bzw. zunehmenden Bedeutung der Zivilsiedlung zusammenhing, vielleicht auch mit der zeitweiligen Veränderung der Kastellbesatzung oder mit dem sozialen Rangunterschied von Personengruppen, die zum Teil über eigene Bäder verfügten.

41 Blick von Südosten auf die konservierten Mauerzüge der überdachten Badeanlage. Im Vordergrund eines der drei temperierten, aus der Raumflucht vorspringenden Wasserbecken des Warmbades *(caldarium)*.

42 Rekonstruktionsmöglichkeit des Rundlaconicums von Hauptbauphase II nach Angaben Vitruvs. Die geringe Mauerstärke der Weißenburger Rotunde Abb. 43 (= 65 cm) läßt indes eher an eine einfachere Flachdeckenkonstruktion denken.

43 Das kreisrunde Schwitzbad *(laconicum)* der zweiten Hauptbauphase (II a–c) nach der Restaurierung. Es wird überschnitten von Bestandteilen jüngerer Bauphasen: einem Abwasserkanal der Phasen III a–b sowie einigen Mauerzügen der Phasen III a–b und IV.

Sowohl die antiken Schriftquellen als auch die Grundrisse der römischen Badruinen selbst lassen erkennen, daß die einzelnen Räume so aneinandergereiht sind, wie sie vom Besucher benutzt wurden. Bereits der älteste Bauzustand der großen Badeanlage (Abb. 44), dessen Benutzungsweg wir im folgenden nachvollziehen, zeigt diese kanonische Raumabfolge. Er hatte den bezeichnenden, sehr klaren Grundriß der Thermen des sogenannten Reihentyps, d.h. die wichtigsten Baderäume waren auf der Gebäudeachse hintereinander aufgereiht.

Man betrat das Gebäude von Nordosten her durch die Umkleidehalle A (*apodyterium*), einen hölzernen Vorbau mit verputzten Fachwerkwänden, in dem sich einst Stellwände für Regale und Bänke zur Kleiderablage befanden. Von hier aus konnte man den eigentlichen, steinernen Badetrakt betreten. Zunächst gelangte man in den Durchgangsraum F des Kaltbades (*frigidarium*), das über ein eingebautes Kaltwasserbecken (*piscina*) verfügte. Vom Kaltbad aus erreichte man das angenehm temperierte Laubad T (*tepidarium*), das in Weißenburg aus zwei hintereinander geschalteten Räumen bzw. Wärmeschleusen bestand. Hier wusch man sich oder konnte später, im weiteren Verlauf der Badeprozedur, nachspülen, nachdem man sich mit einem Schaber oder *strigilis* zugleich mit dem Schweiß den Schmutz vom Körper entfernt hatte. Eventuell ließ man sich dort noch von geschultem Personal massieren. Über die beiden Warmlufträume des Laubades konnte man das eigentliche Warmbad C (*caldarium*) erreichen, das stärker geheizt war. Hier begann der eigentliche Badeablauf, denn die Römer badeten üblicherweise in der Reihenfolge warm–kalt. In diesem Hauptraum der Badeanlage luden drei große gemauerte Becken mit heißem und warmem Wasser zum Baden ein. Wir dürfen uns einen recht angenehm warmen, dampferfüllten Raum vorstellen, der – wie auch die übrigen Räume – durch Glasfenster erhellt und durch farbige Wandmalereien belebt war. Wie wir aus antiken Berichten wissen, hielt man sich hier am längsten auf.

Über die beiden Räume des Laubades zur langsamen Abkühlung kehrte der Badegast zurück ins Kaltbad F und tauchte dort zur Erfrischung in das große Kaltwasserbecken. Vor dem Ankleiden salbte man sich ein, mußte doch das verlorene Hautfett durch reichliches

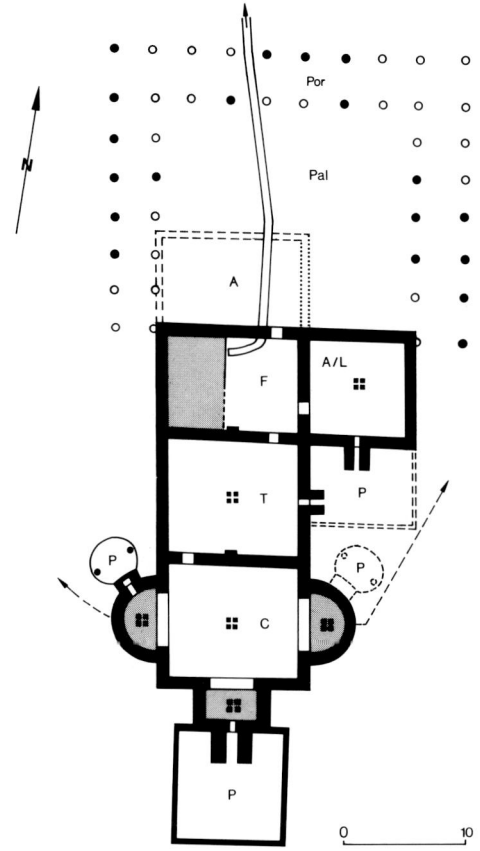

44 Grundriß des großen Thermenbaus im ältesten Bauzustand (Phase Ia). Die heizbaren Räume sind durch jeweils vier die Hypokaustpfeiler andeutende kleine Quadrate gekennzeichnet. Die Wasserbecken *(piscinae)* sind durch grauen Punktraster hervorgehoben.

A Umkleideraum *(apodyterium)*   C Warmbad *(caldarium)*
L Schwitzbad *(laconicum)*   P Heizraum *(praefurnium)*
F Kaltbad *(frigidarium)*   Por Säulenumgang *(porticus)*
T Laubad *(tepidarium)*   Pal Sport-/Gymnastikplatz *(palaestra)*

Einölen der Haut ersetzt werden. Überschüssiges Öl wurde mit dem Strigilis abgeschabt. Gewöhnlich verwendete man parfümiertes Öl aus einem kleinen mitgeführten Glasfläschchen, das zusammen mit dem Schaber, den Badetüchern und Holzpantoffeln, die man zum Schutz gegen die zum Teil heißen Fußböden benötigte, zur Badeausrüstung gehörte. Der übliche Badekreislauf war damit beendet. Es ist aber durchaus möglich, daß mancher aus gesundheitlichen Gründen oder aus persönlicher Gewohnheit eine abgeänderte Reihenfolge vorzog. So konnte man z.B. durch Pendeln zwischen den unterschiedlich temperierten Räumen oder durch langes und wiederholtes Verweilen in den Bassins den Kreislauf und Organismus je nach Gutdünken bzw. therapeutischem Bedarf anregen. Darüber hinaus stand dem Liebhaber der »Sauna« noch ein entsprechend beheizbarer Nebenraum (A/L) als Schwitzraum (*laconicum*) zur Verfügung, sofern dieser nicht in der kalten Jahreszeit als »Winterapodyterium« benötigt wurde. Von Bauphase Ib an besaßen jedenfalls alle nachfolgenden Thermenbauten außer einem solchen »Winterapodyterium« noch ein gesondertes Schwitzbad (L). Sein Besuch konnte auch am Beginn des Badeablaufs stehen. Die mit P bezeichneten Räume bzw. Anbauten waren die Feuerungsanlagen (*praefurnia*) für das Bedienungspersonal.

Zum Thermenbau der ältesten Bauphase gehörte auch ein 22 × 12,50 m großer Hof für Sport und Spiel, die *palaestra* (Pal); sie war von einem überdachten Säulengang, der *porticus* (Por), umgeben. Ab Bauphase Ib trat an die Stelle der offenen Palästra eine große gedeckte Halle, die *basilica* (B). Sie diente ebenfalls sportlichen Betätigungen, bot jedoch im Gegensatz zur Palästra Schutz vor der Witterung. An der Südwand dieser großen Nordhalle hatte man in den Hauptbauphasen II und III jeweils einen Weihestein aufgestellt, deren Reste bei der Ausgrabung übereinander, noch an originaler Stelle sitzend angetroffen wurden (Abb. 59). Sie waren vermutlich der badeschützenden Göttin *Fortuna balnearis* geweiht und sind Zeugnisse dafür, wie sehr die römische Bevölkerung das Badeleben in den Alltag einbezog. Mancher Badende brachte auf ihnen als Opfer ein paar Stückchen Räucherwerk dar, von dem sich in Weißenburg noch Proben erhalten haben. Sie wurden zusammen mit Fragmenten kleiner tönerner Öllämpchen am Fuß der beiden Weihesteine gefunden.

Wie die Baugeschichte der großen Thermenanlage zeigt, können wir bei den jüngeren Thermenbauten nicht nur eine zunehmende Vergrößerung des Gebäudes feststellen, sondern auch eine weitgehende Funktionsänderung der Baderäume (s. S. 64 ff.). Dennoch findet sich das Aufbauschema *frigidarium–tepidarium–caldarium*, das ja mit dem

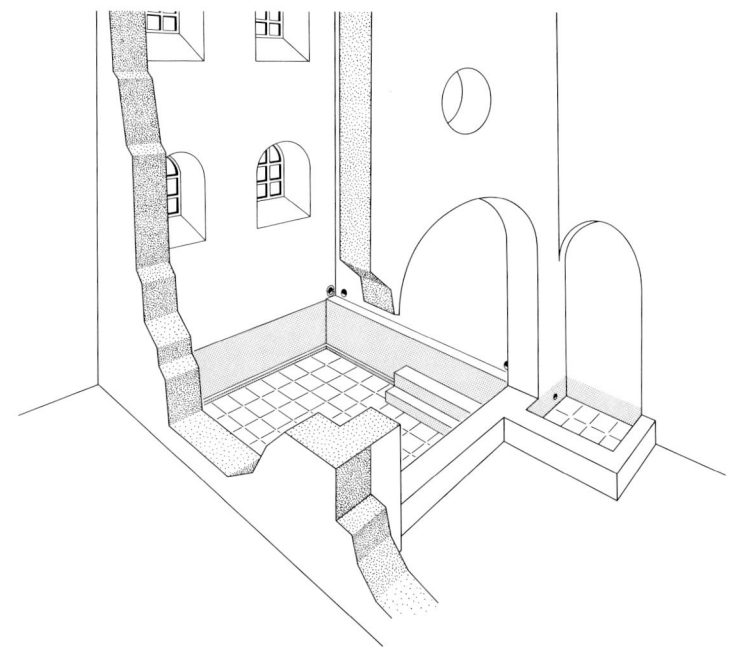

45 Rekonstruktionsversuch des Raumes über dem großen Kaltwasserbecken in Phase II a.

Badevorgang zusammenhängt, in sämtlichen Bauphasen. Während die ersten fünf Bauphasen (Ia–IIc) alle zum »Reihentyp« gehören, zeigen die darauffolgenden Phasen IIIa–b der jüngsten Hauptbauphase hingegen eine Weiterentwicklung zum sogenannten Ringtyp. Hier sind die Baderäume so zu einem geschlossenen Ring aneinandergereiht, daß sie normalerweise vom Umkleideraum aus in einer Art Kreislauf benutzt werden konnten. Beim Besuch des Bades kehrte man also durch die auf dem Hinweg benutzten Räume T bzw. L nicht wieder zurück, sondern konnte über ein kleineres, neu eingefügtes drittes Tepidarium auf einem anderen Weg in das große Kaltbad F und von da zurück in die Umkleidehalle A gelangen.

Schließlich sei noch auf den kleinen, in Originalgröße rekonstruierten Apsidenraum an der Westseite des jüngsten Thermenbaus aufmerksam gemacht (Abb. 49). Sein 2 × 1,80 m großes Kaltwasserbecken war über einen kleinen Vorraum vom Laconicum wie auch vom Laubad aus zugänglich. Damit war seine Benutzung sowohl bei einem reduzierten Badeverlauf als auch beim ungekürzten Badekreislauf möglich. Der Besuch des Laconicums konnte also mit einem Eintauchen in kaltes Wasser kombiniert werden. Bei Wiederholung dieser Prozedur ließ sich so ein der finnischen Sauna vergleichbarer Schockeffekt erreichen.

Baugeschichtliche Entwicklung der großen Thermenanlage

Die im Vergleich zu anderen Badeanlagen recht komplizierte Baugeschichte der Thermen läßt sich grob in drei Hauptbauphasen gliedern, von denen jede wiederum mehrere Umbauphasen aufweist (Abb. 46). Da die Auswertung der ergrabenen Funde und Befunde noch nicht abgeschlossen ist, bleiben indes verschiedene Fragen zu Einzelheiten noch ungeklärt. So läßt sich derzeit noch nicht definitiv sagen, wann genau die Thermen gebaut wurden. Ohne Frage gehören sie jedoch in die Zeit der Existenz des Alenkastells und haben demnach vielleicht schon gegen Ende des 1. Jahrhunderts, spätestens jedoch seit Beginn des 2. Jahrhunderts, bestanden.

Der älteste Thermenbau vom sogenannten Reihentyp (Phase Ia) ist entsprechend den antiken Bauvorschriften annähernd nord-süd-orientiert. Er teilt sich in zwei Komplexe, einen vierräumigen Badetrakt aus Stein und einen nach Norden orientierten, nur noch in wenigen Spuren belegbaren hölzernen Vorbau (Apodyterium), an den sich eine Palästra mit Portikus aus Holz anschließt (Abb. 62). Letztere Bereiche wurden in der folgenden Phase (Ib) zu einem steingemauerten, beheizbaren Rechteckraum A (»Winterapodyterium« bzw. Laconicum) sowie einem unbeheizbaren Apodyterium und einer Basilika nebst Portikus aus Holz umgestaltet.

Während der zweiten Hauptbauphase (IIa–c), die etwa in die Mitte des 2. Jahrhunderts zu datieren ist, erfuhr die Thermenanlage manchen Umbau und Vergrößerung. So wurden mit Beginn von Phase IIa alle Teile an den Thermen in Stein gebaut und zu einem recht kompakten,

46 Die signifikanten Bauperioden der großen Badeanlage in ihrer zeitlichen Abfolge. A Umkleideraum *(apodyterium)*, B Sport-/Gymnastikhalle *(basilica)*, C Warmbad *(caldarium)*, F Kaltbad *(frigidarium)*, L Schwitzbad *(laconicum)*, T Laubad *(tepidarium)*, P Heizraum *(praefurnium)*, Pal Sport-/Gymnastikplatz *(palaestra)*, Por Säulenumgang *(porticus)*.

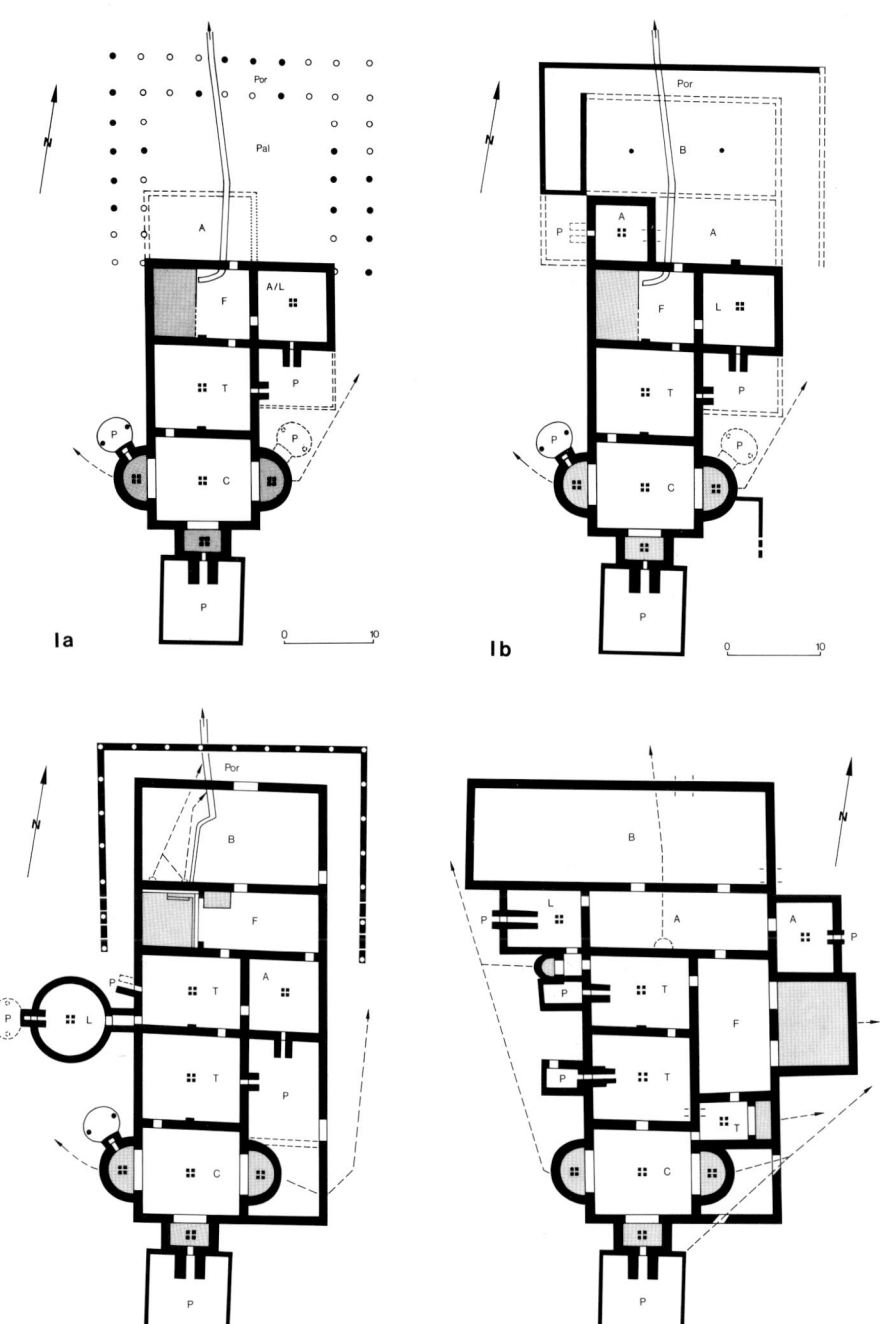

I a

I b

II a

III b

65

größeren Baukörper mit langrechteckigem Grundriß umgestaltet (Abb. 63). Die wichtigsten Neuerungen betrafen die Verlagerung des Frigidariums nach Norden, was die Einrichtung eines zweiten Tepidariums ermöglichte, sowie den Anbau eines Rundlaconicums an der Westseite des Gebäudes. In den folgenden Phasen IIb–c erfolgten lediglich einige partielle Umbaumaßnahmen vor allem im Bereich des Frigidariums. Nach dem Ausgrabungsbefund wurde dieser Thermenbau wohl während der Markomannenkriege – nach 167/168 bzw. Anfang der siebziger Jahre – durch Feuer zerstört.

Nach dem Ende des Krieges – um 180 – wurde das Gebäude größer wiederaufgebaut (Phase IIIa). Dabei wurde auch sein Grundriß wesentlich verändert. Lediglich der Gebäudetrakt mit dem Lau- und Warmbad und der im Süden liegende Heizraum weisen noch fast denselben Grundriß auf wie in den beiden ersten Hauptbauphasen. Durch Einfügung eines dritten, kleineren Laubaderaums wurde jetzt

47 Großes Kaltwasserbadebecken des Frigidariums der Bauphase IIIb mit Resten der Steinplattenauskleidung (Solnhofener Marmor).

66

48 Links: Großes Kaltwasserbecken der zweiten Hauptbauphase mit eingebauter Sitzbank und Bodenbelag aus quadratischen Ziegelplatten. Rechts: Bassin aus dem kleinen Tepidarium der dritten Hauptbauphase im letzten Bauzustand (IIIb). Boden und Wände sind über einer wasserdichten Mörtelschicht mit geschliffenen Platten aus Solnhofener Marmor ausgekleidet.

zwischen dem Caldarium und dem Frigidarium eine Verbindung geschaffen und damit ein Rundgang ermöglicht, der den römischen Badegepflogenheiten besser entsprach. Außerdem verfügte die Bäderanlage in ihrer dritten Hauptbauphase nicht mehr über einen Säulenumgang, sondern über eine ungewöhnlich große Vorhalle von gut 320 m² Innenfläche.

Nur wenig später wurden die Thermen erneut vergrößert und der Badetrakt samt Wasserbecken fast vollständig mit Solnhofer Platten ausgekleidet (Abb. 61). Auch die Errichtung des kleinen Apsidenraums neben dem Laconicum gehörte zu den Baumaßnahmen dieser Phase (IIIb). In dieser Zeit, wahrscheinlich unter Septimius Severus (193–211) oder Caracalla (211–217), erreichte die Bäderanlage mit einer Länge von 65 m und einer Breite von 42,5 m nicht nur ihre größte Ausdehnung, sondern auch ihre luxuriöseste Ausstattung (s. S. 79 ff.). Es ist sogar denkbar, daß diese baulichen Verbesserungen mit einem historischen Ereignis von besonderer politischer Bedeutung zusammenhängen: der Reise Caracallas durch Rätien, von der auch andernorts zahlreiche archäologische Zeugnisse vorliegen (s. S. 88 f.).

Auch dieses repräsentative Bauwerk wurde – irgendwann nach 229, wohl im Gefolge der ersten Alamanneneinfälle – das Opfer einer Brandkatastrophe. Ein römisches Brandgrab im südöstlichen Ruinenbereich sowie die Überlagerung einiger Fundamentmauern der Phasen IIa–IIIc von der Wand einer behelfsmäßigen Behausung, die man in simpler Steinbautechnik an die Westseite der noch stehenden Ruine angebaut hatte, lassen erkennen, daß das Bad in den letzten Jahren römischer Präsenz nicht mehr benutzt wurde.

Damit spiegelt sich in der baugeschichtlichen Entwicklung der Thermen zugleich die Geschichte und Bedeutung dieses grenznahen Römerortes. Aber auch ihre kennzeichnende asymmetrische Architekturform ist in erster Linie baugeschichtlich bedingt, d. h. nicht so sehr Ausdruck eines bestimmten verwaltungspolitischen Ranges, wie er sich etwa im römischen Municipium Rottweil in einer axialsymmetrischen, »städtischeren« Thermenarchitektur dokumentiert. Gleichwohl steht die Weißenburger Bäderanlage hinsichtlich ihrer Größe und Ausstattung hinter den Thermen anderer römischer Kleinstädte nicht zurück.

49   Rekonstruktion des Raumes über der kleinen halbrunden Kaltwasserwanne neben dem Schwitzbaderaum der Bauphase IIIb. Ansichten der Ost- und Nordseite.

50   Blick von Westen auf das rechteckige Schwitzbad *(laconicum)* mit breiten Pfeilerblök-
ken der Hypokaustanlage (Bauphase IIIa/b).

51   Raum 3 des Tepidariums von Bauphase IIIb, dessen Fußboden in den Hohlraum der
Hypokaustanlage eingebrochen ist. Ansicht von Westen.

Voraussetzung für die Anlage des Bades und seine technische Funktionsfähigkeit war natürlich ein gut durchdachtes Heizsystem. Die meisten Räume besaßen die bekannte römische Unterbodenheizung (*hypocaustum*; Abb. 53). Diese Räume hatten sozusagen einen doppelten Fußboden, von dem jedoch meist nur noch der untere Boden erhalten ist; er war nicht begehbar, sondern trug zahlreiche kleine, regelmäßig angeordnete Ziegelpfeiler von durchschnittlich 1,10 m Höhe. Auf diese Pfeiler wurden große quadratische Ziegelplatten, die Suspensuraplatten, als Grundlage für den eigentlichen Fußboden gelegt. Er bestand aus einem ca. 25 cm dicken Gemisch von Kalkmörtel und Ziegelschlag und war an der Oberseite entweder feingeglättet oder trug noch zusätzlich einen Steinplattenbelag. Der unter dem Fußboden entstandene Hohlraum konnte von einem separaten Feuerungsraum aus durch einen Heizkanal beheizt werden, wobei die Luftzufuhr ursprünglich durch Metallklappen regelbar war. Die heiße Luft entwich über Rauchabzüge, die sich an den Wänden – meist bei den

52 Apsidenförmiges Warmwasserbecken an der Ostseite des Warmbades (*caldarium*): Details des Wandheizungssystems (Bauphase IIIb).

53 Schnittrekonstruktion der Nordwestecke des Caldariums, eines großen, hallenartigen Warmluftraums mit drei entsprechend temperierten Wasserbecken, Wand- und Bodenplatten aus Solnhofener Marmor, farbigen Wandmalereien und Glasfenstern (Bauphase IIIb). Alle wesentlichen baulichen Details (das Schema der Deckenkonstruktion inbegriffen) sind gesichert.

Raumecken – unter dem Verputz befanden; sie bestanden in Weißenburg aus kaminartig aufeinandergesetzten Vierkantröhren, den *tubuli*, die oben an der Wand in einen Ringkanal mündeten. Er entließ den Rauch durch kleine Kanäle bzw. Schornsteine ins Freie. Als Schornsteine dienten in Weißenburg möglicherweise zu Röhren zusammengefügte Dachziegelpaare aus länglichen, halbrunden Hohlziegeln (*imbrices*), wie sie zusammen mit den flachen Leistenziegeln (*tegulae*) vor allem zum Dachdecken verwendet wurden. Am besten erhalten hat sich die Hypokaustanlage unter dem apsidenförmigen Warmwasserbecken an der Ostseite des Caldariums (Abb. 52). Hier ist heute noch sichtbar, daß in diesen Wannen und in den stärker beheizten Räumen die Wände mit dicht nebeneinander gesetzten Vierkantröhren durchgehend erwärmt waren. Das trug zur Raumheizung bei und verhinderte vor allem den Niederschlag von Schwitzwasser an den Wänden. In den kleinen Rechteckräumen A und L der dritten Bauphase verwendete man übrigens nicht die üblichen schmalen Ziegelpfeiler, sondern kubische Pfeilerblöcke aus Ziegeln bzw. Natursteinen

54 Thermen. Wanddurchlässe aus Hohlziegeln für Rohrleitungen (1–3) sowie Blei- und (anderwärts als Rauchabzüge verwendete) Tonrohre für den Abfluß der Badeabwässer (3–6).

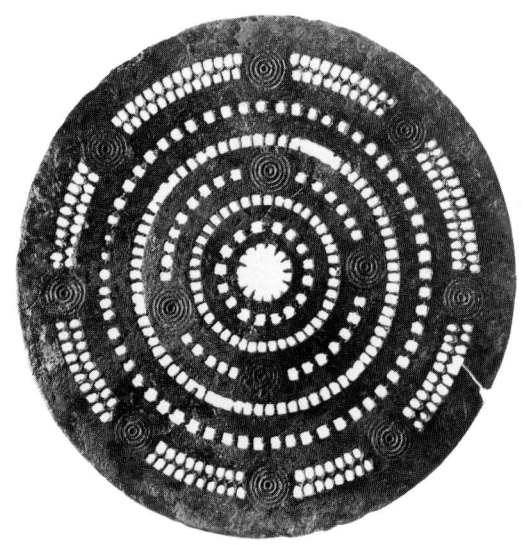

55 Bronzeseiher aus Bad I (sog. Kastellbad). Durchmesser 14 cm.

(Abb. 50). Anscheinend wollte man hier das Volumen des beheizbaren Hohlraumes unter dem Fußboden stark reduzieren, vielleicht um die Wände rascher und intensiver erwärmen zu können.
Wie eindeutige Befunde im Bauschutt der Badruine erweisen, waren die ursprünglich vorhandenen Flachdecken zumindest in den Räumen des Lau- und Warmbades aus großen Spezialziegeln gebaut und an Holzträgern mit eisernen Halteankern aufgehängt (Abb. 53). Die Ziegel waren sowohl an der Unterseite wie auf der Oberseite dick verputzt und waren unten vielleicht auch bemalt. Typisch für diese »Plafondziegel« sind jeweils vier randliche Einkerbungen zur Aufnahme der Halteanker, ferner ein Kratzmuster an der Unterseite, wie es ganz ähnlich auch die tönernen Rauchabzüge an den Wänden aufweisen; es hatte die Aufgabe, dem anhaftenden Deckenverputz einen besseren Halt zu geben.
Ganz besondere Bedeutung bei der technischen Einrichtung einer Badanlage kommt natürlich auch der Frage der Wasserversorgung zu. Anhaltspunkte hierfür liefert uns zunächst ein Befund im Bereich der südöstlichen Gebäudeecke. Analog zu anderen Befunden an römischen Thermen muß dort, am höchsten Punkt der gesamten Badeanla-

ge, auf einer ca. 6 × 4 m großen Plattform ein Hochbehälter für Kaltwasser gestanden haben, der die einzelnen Baderäume und Becken
über Rohrleitungen mit Wasser versorgte. Leider hat man nach Aufgabe des Gebäudes diese Rohrleitungen, die offenbar vorwiegend aus
Blei bestanden – wie überhaupt alle Gegenstände aus Metall –, wegen
ihres Materialwerts systematisch herausgerissen und anderweitig verwendet. Dennoch ist von diesen Einrichtungen in Weißenburg, ge-
messen an anderen Bädern, noch relativ viel erhalten geblieben:
Wanddurchlässe aus Hohlziegeln für Rohrleitungen sowie Blei- und
Tonrohre für den Abfluß der Badeabwässer (Abb. 54).
Die diversen Badeabwässer flossen in ein regelrechtes Kanalsystem,
das in eine Art zentrale Kanalisation mündete. Die meisten Kanäle

56 Kreisrundes Bodenpflaster aus Ziegelplatten von einer eingetieften, kuppelartig überwölbten Schmiedeanlage in der Nordhalle des großen Thermenbaus. Seine nur vorüberge-
hende Inbetriebnahme in der kurzen Zeitspanne zwischen den Bauperioden Ib und IIa läßt
darauf schließen, daß die Anlage des Schmiedeofens in ursächlichem Zusammenhang mit
dem Wiederaufbau des Bades (während der ersten Hälfte des 2. Jahrhunderts) steht. Vermutlich diente er dazu, verschiedene Arbeitsgänge, die im Zuge der Bauklempnerarbeiten
anfielen, gleich an Ort und Stelle auszuführen.

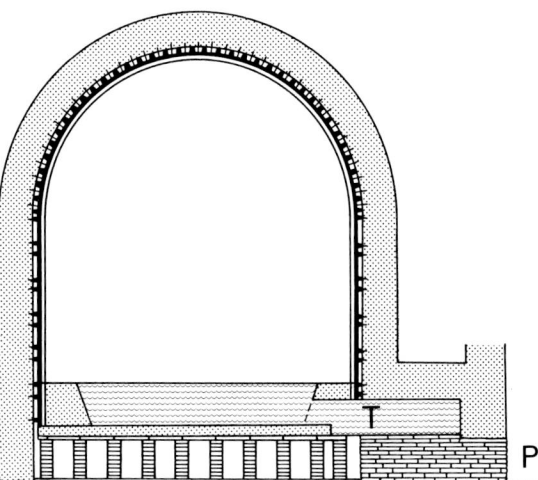

57 Links: Blick vom Caldarium nach Süden auf die erhaltenen Innenwände der rechteckigen Warmwasserwanne mit den restaurierten Überresten der Heizeinrichtung (Bauphase
IIIb). Über den Ziegelpfeilerstümpfen der Unterbodenheizung *(hypocaustum)* erkennt man
deutlich das System der Wasserheizanlage: die Mündung des tonnenförmig überwölbten
Heizkanals und die beiden stufenartigen Absätze an seinen Innenwänden; sie dienten einst
einem schweren halbzylindrischen Metallkörper – der *testudo alvei* (»Schildkröte«) – als
Auflager (ihr Querschnitt in Bildmitte weiß markiert). Die von unten direkt beheizbare
»Schildkröte« war nur zur Wanne hin geöffnet, so daß sich das heiße Wasser des Metallkes-
sels mit dem übrigen, kühleren Wasser der Wanne vermischen und dadurch das Ganze
erwärmen konnte. Rechts daneben zur Verdeutlichung ein Längsschnitt durch die am besten
erhaltene Heizanlage der beschriebenen Art. Sie befindet sich in den Stabianerthermen von
Pompeji und stimmt in den wesentlichen Baudetails mit dem Weißenburger Befund vortreff-
lich überein.

waren ursprünglich mit starken Holzbohlen ausgekleidet, die heute
jedoch völlig vergangen sind. Bemerkenswert ist ferner die Beobach-
tung, daß einer der Kanäle von Bauphase II, der unter der gemauerten
Plattform des Kaltwasserhochbehälters hindurchgeführt wurde, vor
allem dazu diente, die verbrannten Ascherückstände aus dem großen
Heizraum im Süden wegzuschwemmen. Recht eindrucksvoll erhalten
ist der gemauerte Hauptabwasserkanal der älteren Bauperioden
(Abb. 40). Er beginnt im Frigidarium und verläuft von dort nach
Norden in Richtung Rezat. Man kann in ihm fast aufrecht unter den
nördlich gelegenen Räumen hindurchgehen. Im Bereich der Palästra
bzw. der großen Nordhalle war er ursprünglich mit Holzdielen abge-

deckt, die Querhölzern auflagen, während er südlich davon eine – heute noch großenteils vorhandene – Steinabdeckung hat. Ein geziemendes Stück außerhalb des Gebäudes, in der Verlängerung des großen Abwasserkanals, dürfte analog zu anderen Badeanlagen eine separate Toilette gelegen haben, zu deren Entsorgung wohl ebenfalls der Hauptkanal diente.

In Weißenburg gut nachweisbar ist ferner die Art der Warmwasserbereitung. Hierzu diente eine besondere, auf S. 75 näher erläuterte Kesselkonstruktion, die sich an dem rechteckigen Warmwasserbecken an der Südseite des Caldariums befand und hohes technisches Wissen verrät (Abb. 57). Ihre Funktionsweise erscheint am plausibelsten, wenn man sich vor Augen hält, daß das Wasser aus der Wanne in dem von unten ständig erhitzten Bronzebehälter (*testudo*) regelrecht zirkulieren konnte. Diese Heizeinrichtung ist übrigens eine griechische Erfindung, die schon um 100 v. Chr. in Olympia Anwendung fand.

Vermutlich gab es in Weißenburg noch eine andere Kesselkonstruktion zur Warmwasserbereitung, nämlich den Durchlauferhitzer aus Metall, wie er in einer römischen Villa in Boscoreale erhalten geblieben ist. Ein solcher Durchlauferhitzer stand wohl neben dem schon erwähnten Kaltwasserhochbehälter, aus dem anscheinend auch der Wasserzulauf kam. Der Durchlauferhitzer versorgte wahrscheinlich die kleine, sonst nicht beheizbare Wanne im neu eingebauten Tepidarium III der dritten Bauphase mit warmem Wasser, vermutlich auch noch die danebenliegende östliche Apsis des Warmbades. Letztere konnte nämlich infolge baulicher Veränderungen seit Bauphase II nicht mehr direkt von außen her beheizt werden.

58 Kaltbad *(frigidarium)*. Detailansicht des Bodenbelags aus großen, sorgfältig verlegten Solnhofener Steinplatten (Bauphase IIIb).

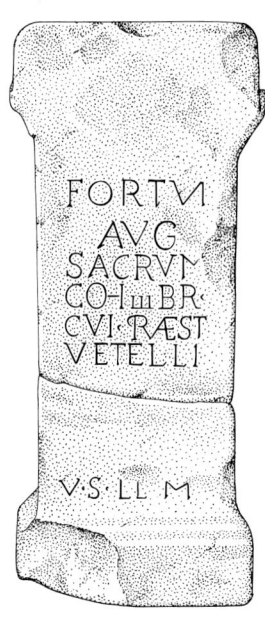

FORTV
AVG
SACRVM
CO·I·ɪɪɪ·BR·
CVI·RÆST
VETELLI

V·S·LL·M

59 Zwei übereinander, noch an originaler Stelle sitzende Mörtel- bzw. Steinsockel von weitgehend zerstörten Weihesteinen (links) aus der Nordhalle der großen Badeanlage. Während der auf einem Mörtelsockel ruhende Unterteil des älteren, in Kalkstein ausgeführten Altars aus Hauptbauphase II noch erhalten ist, zersprang der jüngere, in Hauptbauphase III errichtete und aus weichem, anfälligem Sandstein bestehende Altar offenbar beim letzten Großbrand des Badegebäudes in den Jahren nach 229 n. Chr. (Alamanneneinfälle) und war zur Zeit der Ausgrabung fast vollständig zerfallen. Er war vermutlich ebenso der badeschützenden Göttin *Fortuna balnearis* geweiht wie der daneben zur Veranschaulichung abgebildete Fortuna-Altar aus dem nahegelegenen Kastellbad von Theilenhofen, der bemerkenswerterweise aus demselben Steinmaterial besteht wie der obere Weißenburger Stein und ebenfalls aus einem jüngeren, später neu errichteten Badegebäude stammt. In Weißenburg befanden sich während Bauphase II zu beiden Seiten des Altars überdies noch zwei Wandbrunnen (*nymphaea*), von denen zum Zeitpunkt der Ausgrabung jedoch nur noch die Zuleitungen und Abwasserkanälchen vorhanden waren (vgl. Umschlagseite 2).

Die auffälligste Erscheinung des Thermenbaus während Hauptbauphase II ist zweifellos der kreisrunde, an der Westseite angebaute Raum L des Schwitzbades (Abb. 46). In seiner Lage im Gesamtplan folgt er genau der Forderung des römischen Baumeisters und Architekturtheoretikers Vitruv, der das Laconicum neben das Tepidarium gelegt haben will. In anderen Thermen wie z. B. in Kempten findet sich indes häufig eine Abweichung von dieser Regel. Derartige Rundräume, die in unseren Gegenden vorwiegend in flavisch-trajanische

Zeit datiert werden, muß man sich als Zylinder vorstellen, die oben meist überkuppelt waren (Abb. 42, 43). Die Bauform der Kuppel hatte nämlich den Vorteil, die Wärme viel besser wieder zurück in den Schwitzraum abzustrahlen als etwa ein Kegelstumpfdach. Vitruv beschreibt das Laconicum sehr genau: »In der Mitte der Halbkugelwölbung soll eine Öffnung ausgespart sein und von dieser an Ketten eine eherne Scheibe herabhängen, die man hinaufziehen oder herablassen kann, um so die Wärme des Schwitzbades zu regeln. Das Laconicum selbst scheint aber kreisförmig angelegt werden zu müssen, damit von seiner Mitte aus die Kraft der Flamme und der von ihr erzeugten Heißluft sich gleichmäßig durch die ganze Rundung des kreisförmigen Raumes verbreiten kann.« Die geringe Mauerstärke der Weißenburger Rotunde erfordert allerdings zusätzliche Zug- oder Ringanker im Kuppelbereich, so daß man doch eher an eine einfachere Flachdeckenkonstruktion denken möchte. Zu den eindrucksvollsten Räumen der zweiten Hauptbauphase zählt das große Kaltwasserbecken mit den beiden seitlichen Sitzbänken, die zugleich als Einstiegstufen dienten (Abb. 48). 5,60 × 5,30 m groß, faßte es bei einer Tiefe von rund

60 Drei gläserne Balsamarien (Salbfläschchen) aus dem großen Thermenbau: typische Badeaccessoires, wie sie in großen Mengen – meist fragmentarisch – bei den Ausgrabungen des Jahres 1977 gefunden wurden.

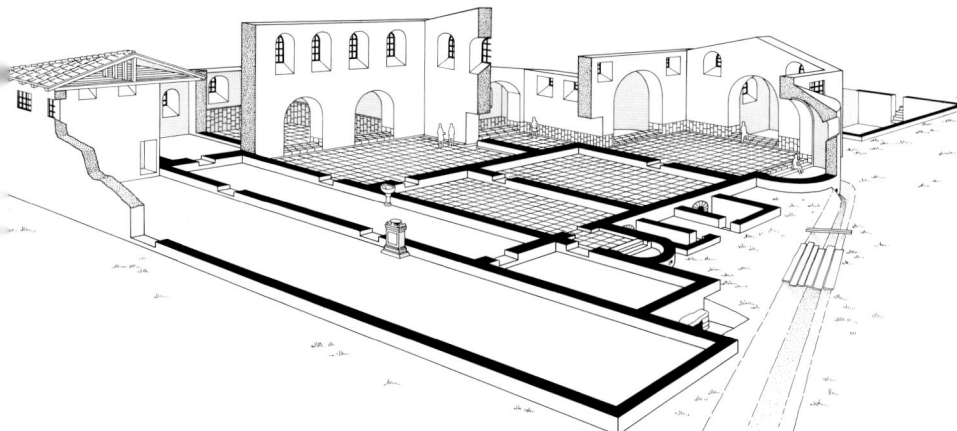

61 Schnittrekonstruktion der großen Thermenanlage in ihrem letzten Bauzustand (Phase IIIb).

1,10 m ein Volumen von maximal 32,65 m³ Wasser. Quadratische, 44 × 44 cm große Ziegelplatten bilden seinen Bodenbelag, an dessen Rändern sich noch die typisch römischen, aus einem Viertelstab bestehenden gemörtelten Fußleisten erhalten haben. Die Wandverkleidung des gemauerten Beckens besteht aus einem sehr harten, wasserfesten Spezialmörtel. Der Ziegelplattenbelag fällt unmerklich zur Nordostecke hin ab, wo sich unten am Boden die Öffnung des Abflußrohres befindet, bestehend aus einem runden Tonrohr mit eingemörteltem Bleirohr. Eine Bleileitung verlief ursprünglich auch durch ein weiteres Tonrohr, das ca. 1,50 m hoch über dem Beckenboden dicht neben der Nordwestecke in die Westwand des Baderaums eingemauert ist. Durch diese Leitung wurden sowohl das große Bassin mit Kaltwasser versorgt als auch ein kleines, niedriges Nebenbecken, das man vielleicht als Fußbadebecken deuten darf (Abb. 45). Als Auflager für diese Bleileitung diente ganz offensichtlich ein stufenförmig ausgebildeter Absatz am oberen Rand der nördlichen Beckenwand, der damit überhaupt erst sinnvoll erklärt werden kann.

Die baulichen Befunde der jüngsten Bauphase (IIIb) zeigen nicht nur eine größere Ausdehnung des Gebäudes im Vergleich zu den Vorgängerbauten, sondern auch eine luxuriösere Ausstattung. Hauptkennzeichen dafür ist vor allem der Umstand, daß – abgesehen von

0   5   10   20 m

62   Die große Thermenanlage in ihrem ältesten Bauzustand (Phase Ia mit Palästra). Ansichten der Ost-, Nord- und Westseite (Rekonstruktionen).

Schwitzbad, Umkleideraum und großer Sporthalle – sämtliche Baderäume ursprünglich einen Fußboden aus sorgfältig verlegten Solnhofener Steinplatten besaßen (Abb. 61). Die Wände des Caldariums, des kleinen Laubaderaums mit der eingemauerten Wanne und des sehr großen Kaltwasserbeckens besaßen außerdem noch unten ringsum eine zusätzliche Wandplattenverkleidung. Wie fachgerecht die Steinplatten zugerichtet, geschliffen, auf dem Boden verlegt bzw. mit eisernen Halteankern an den Wänden befestigt worden waren, zeigt eindrucksvoll die vorzüglich erhaltene Wanne des kleinen Laubaderaums Abb. 48. Die Verwendung des Solnhofener Marmors durch die Römer ist auch aus anderen Bädern Rätiens bekannt, doch dienten die Platten dort anscheinend stets nur zur Verkleidung einzelner Badebecken. Die großzügige Ausstattung fast aller Weißenburger Baderäume mit hellen Solnhofener Marmorplatten sollte offenbar das Luxusniveau nachahmen, das die Römer von den größeren klassischen Thermen her kannten. Eine ähnlich repräsentative Wirkung vermittelten einst auch die farbigen Wandmalereien, von denen in nahezu sämtli-

80

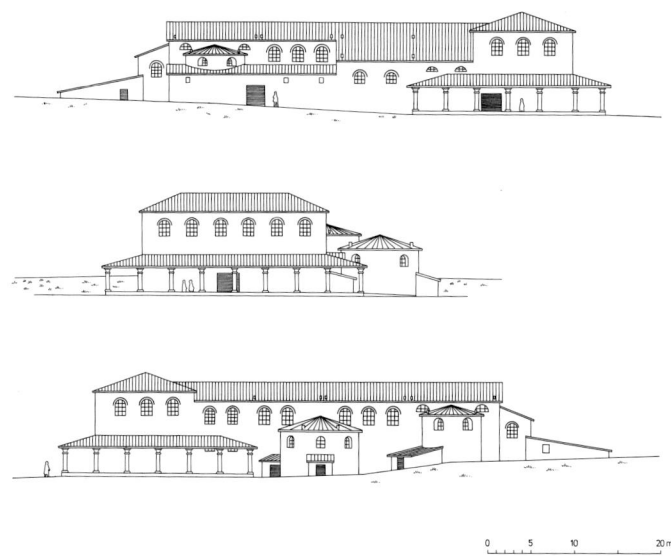

63 Die große Thermenanlage in ihrem dritten Bauzustand (Phase IIa mit Basilika). Ansichten der Ost-, Nord- und Westseite (Rekonstruktionen).

chen Räumen sowie an der Außenseite des Gebäudes (im Bereich des Säulenumgangs von Phase IIa–c) kleinere, rot, gelb, blau, dunkelbraun und grün bemalte Verputzfragmente mit meist geometrischen Mustern, aber auch mit Pflanzenmotiven und figürlichen Darstellungen, gefunden wurden. Ebenso zeigt die architektonische Ausführung des Bauwerks in vielen Einzelzügen wie etwa in der Anlage des Säulenumgangs oder im Einbau von ursprünglich bis zu 5,5 m hohen gemauerten Gurtbögen über den Eingängen zu den Wasserbecken deutlich das Bestreben der Erbauer, die gehobene römische Lebensweise durch entsprechend repräsentative, den erwünschten Standard sichernde Ausstattung gleichsam zu stilisieren. Solchem Grundgedanken trug zweifellos auch das auffallend große Kaltwasserbecken von Bauphase IIIb Rechnung (Abb. 47). Dieser Baderaum, dessen Plattenauskleidung heute weitgehend wiederhergestellt ist, besaß als einziger zwei symmetrisch angeordnete rundbogige Eingänge (Abb. 61) und erinnert hinsichtlich seiner ungewöhnlichen Größe (8,80 × 7,70 m; Volumen 70 m^3) sogar an die geräumigen Piscinen römischer Heilbäder.

Die Mansio

Welch wichtige Rolle die Thermen im gesellschaftlichen Leben der Römer gespielt haben müssen, bezeugt auch der Luftbildbefund eines größeren Bauwerks mit ca. 25 m Seitenlänge und offenem Innenhof, das dicht westlich der Badeanlage liegt (Abb. 38.5). Es dürfte sich um eine *mansio* handeln, ein Unterkunfts- und Aufenthaltshaus, das auch durchreisenden Offizieren und Beamten zur Verfügung stand. Ähnliche Unterkunftshäuser wurden auch bei anderen Bädern gefunden, z. B. bei Heddernheim oder bei der Saalburg. Gerade im letzteren Fall stimmen Größe, Umrißform und lagemäßige Zuordnung der Mansio zum benachbarten Bad mit dem Weißenburger Befund auffallend überein.

Religion und Kult

Der römische Schatzfund von Weißenburg – ein »Tempelschatz«

Zu den spektakulärsten Zufallsfunden der jüngsten Zeit zählt ohne Zweifel der große Schatzfund von Weißenburg. Er wurde 1979 im Vicusbereich, dicht südlich der großen Thermen, beim Anlegen eines Spargelbeetes entdeckt und stellt heute mit seinen 156 Einzelteilen einen der bedeutendsten Versteckfunde nördlich der Alpen dar. Der in Umfang, Qualität und Zusammensetzung einzigartige Fund wurde 1980 vom Freistaat Bayern erworben und ist seit 1983 glanzvoller Mittelpunkt des neugegründeten Römermuseums Weißenburg, eines Zweigmuseums der Prähistorischen Staatssammlung. Ganz offenkundig handelt es sich bei den Funden im wesentlichen um Teile oder das gesamte bewegliche Metallinventar eines respektablen Heiligtums beim Kastell Weißenburg. Wie viele andere Schatzfunde Rätiens wurde auch der Weißenburger Fund während der Alamanneneinfälle, also zwischen 233 und 259/60, in der trügerischen Hoffnung vergraben, ihn später einmal wieder bergen zu können. Leider konnten wegen widriger Begleitumstände bei seiner Auffindung keine fachkundigen

64   Bronzestatuette des Apollo mit Kithara aus dem großen Verwahrfund. Höhe 25,7 cm.   ▶

82

Feststellungen über die Fundsituation getroffen werden, weshalb wichtige Aussagen zu seiner Deutung heute nicht mehr möglich sind. Von den verschiedenen Objektgruppen des Schatzfundes verweisen elf figürlich verzierte Votive aus dünnem Silberblech unmißverständlich auf ihre einstige Verwendung als Bitt- oder Weihegaben in einem Tempel. Diese Gruppe der Votivbleche gehört zur umfangreichsten, die an Objekten dieser Art jemals gefunden wurde. Sie stellen ähnlich wie die Votivgaben heutiger Wallfahrtsorte Zeugnisse religiösen Volksglaubens dar und offenbaren uns alle durch ihre Darstellungen, welche Götter und Schutzgeister angefleht wurden: *Fortuna* (Abb. 68.1), *Mars, Victoria, Hercules, Mercur, Luna*, die Göttertrias *Minerva, Mercur* und *Apollo* (Abb. 68.2) sowie der *Genius Populi Romani*. Es sind durchweg klassische römische Gottheiten, die gerade auch bei den Soldaten große Verehrung genossen. Einige Stücke lassen erkennen, daß sie unten auf eine Stütze aufgesetzt waren. Wie entsprechende Ausgrabungsbefunde zeigen, waren solche Weihegaben auf besonderen Bänken (*tribunae*) an den Wänden der Heiligtümer aufgestellt.

Im Vergleich zu den übrigen römischen Schatzfunden Bayerns, ja ganz Deutschlands, zeichnet sich das Weißenburger Ensemble besonders durch seine zahlreichen Bronzefiguren aus. Insgesamt 17 Götterstatu-

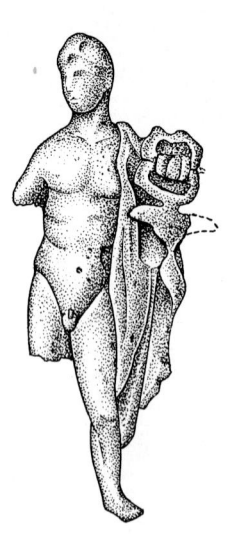

etten, die ursprünglich ebenfalls in einem Heiligtum aufgestellt waren, stellen nach künstlerischer wie technischer Qualität, zum Teil auch in ihren Motiven, fast durchweg einmalige Spitzenerzeugnisse dar. Die Statuetten, deren Entstehungszeit sich über einen bemerkenswert langen Zeitraum von rund 100 Jahren erstreckt, stammen aus ganz verschiedenen Werkstätten des Römischen Reichs. Neben Figuren aus Rom selbst begegnen solche aus dem östlichen Mittelmeerraum und andere aus dem

65 Bronzestatuette des Merkur aus dem Gebiet der ı lichen Niederlassung. Höhe 5,1 cm.

66 Bronzestatuette des Merkur mit keltischem Silbertorques und Widder als Begleittier. Aus dem großen Verwahrfund. Höhe 21,6 cm.

gallischen Bereich. Manchmal lassen sich noch die Werkstattvorlagen bzw. künstlerischen Vorbilder der Statuetten erkennen, deren Höhe zwischen 15 und 31 cm schwankt: So erinnert eine Venusstatuette an die berühmte Aphrodite von Knidos, die der attische Bildhauer Praxiteles um 360 v. Chr. geschaffen hat. Dargestellt sind wiederum Gottheiten der römischen Götterwelt mit ihren Attributen, allen voran die kapitolinische Trias – *Jupiter, Juno* und *Minerva* – als Spitzen der römischen Götterhierarchie. Des weiteren begegnen uns *Venus, Mercur* (Abb. 66), *Hercules* und *Apollo*, letzterer sowohl als Herr der Künste mit der Kithara (Abb. 64) wie auch als *Apollo Grannus*, d. h. in Gleichsetzung mit einem alten keltischen Heilgott. Schutzgeister verkörpern ein *togatus* als *Genius* des Hausherrn, ein *Lar* als Hausgott sowie der (ehemals vergoldete) »Ortsgenius von Weißenburg« als Inbegriff der Macht, die Menschen und Dingen innewohnte. Seine Attribute verdeutlichen seine Funktion: Seine Krone, als Mauerkranz stilisiert, weist auf eine Siedlung hin, der Helmbusch betont ihren militärischen Charakter, das Füllhorn verspricht Wohlstand, und das

Blitzbündel, Zeichen der Allmacht Jupiters, soll wohl die besondere Gunst des Göttervaters symbolisieren. Elf Statuetten sind zusätzlich mit Schmuck aus kostbarem Edelmetall ausgestattet: Arm- und Fußbändern aus Gold, silbernen Attributen wie Sandalen, Zepter oder Lanze sowie Silbereinlagen der Augen bzw. des Sockels. Den Brauch, Figuren mit zusätzlichem Schmuck zu versehen, zeigt die in Gallien gefertigte, mit einem silbernen Flügelhut und einem tordierten Silberhalsring keltischer Art geschmückte Merkurstatuette Abb. 66.

67 Kalksteinstatue der sitzenden Fortuna mit Füllhorn und Steuerruder auf einer Kugel. Erhaltene Höhe 52 cm.

68 Silbervotive an Fortuna (links) und an die Göttertrias Apollo, Minerva und Merkur (rechts). Aus dem großen Verwahrfund. Höhen 22 cm und 26,5 cm.

Qualität und Formenvielfalt zeichnen auch die 20 Bronzegefäße des Schatzfundes aus. Von ihnen bezeugen drei Schalen durch Inschrift oder figürliche Zeichnung ihre Verwendung als Votive an die keltische Pferdegottheit *Epona*, die Schutzherrin der Reiter, und damit erneut das Weiterleben keltischer Vorstellungen. Kultischen Zwecken mögen daher auch die Kannen, Eimer, Kessel und Weinsiebe gedient haben (Auswahl Abb. 83). Paraderüstungsteile (drei Gesichtsmasken, ein Hinterhaupthelm; Abb. 31) stellten vielleicht ähnlich wie die Waffenfunde in treverischen Heiligtümern Weihegaben dar, während verschiedene Gerätschaften und Werkzeuge wie Küchengerät, Wagen- und Pferdezubehör sowie Lampen und ein raffiniert konstruierter Klappstuhl recht merkwürdig anmuten. Gleichwohl wird es sich auch hier großenteils um Kultgerät bzw. Requisiten für das Opfermahl gehandelt haben, wie ein vergleichbarer Sammelfund von Votivblechen, Statuetten und entsprechendem Gebrauchsgerät aus dem *Dolichenus*-Heiligtum von Mauer an der Url in Niederösterreich nahelegt.

Kaiserkult

Die kultische Verherrlichung des herrschenden Kaisers, dessen *Genius* besondere Verehrung genoß, wurde im ganzen Reich zum Symbol der Reichseinheit. Kaisereid, Gebete und Opfer vor der Statue des vergöttlichten Kaisers wurden so für alle Bürger verbindliche Rechtsform, deren Befolgung zugleich als Loyalitätsbeweis gegenüber dem Kaiserhaus galt. Aus Weißenburg, vom Kastell und einer zweiten, ca. 400 m nördlich davon liegenden Fundstelle besitzen wir in diversen Fragmenten zweier überlebensgroßer Panzerstatuen gleich mehrere Zeugnisse dieses Kultes (Abb. 69). Daß diese Teile tatsächlich von Kaiserstatuen stammen, bezeugen besonders die charakteristischen Adlerkopfknäufe zweier Schwertgriffe. Nach auswärtigen Befunden

69 Fragmente überlebensgroßer bronzener Kaiserstatuen aus Weißenburg: Zwei Schwertgriffe mit Adlerkopfknauf und Bruchstück vom unteren, schuppenförmigen Abschluß des Brustpanzers *(pteryx)*. Länge des größeren Schwertgriffes 27,5 cm.

(z. B. Theilenhofen) war im Lager das Fahnenheiligtum offizieller Ort für den Kaiserkult. Daneben mag es in Weißenburg noch einen weiteren Aufstellungsort für das Standbild des Kaisers gegeben haben. Die ins frühe 3. Jahrhundert zu datierenden Statuen waren vielleicht aus besonderem Anlaß aufgestellt: dem Aufenthalt des Kaisers Caracalla in Rätien vor und nach seinem Sieg über die Alamannen (213). Mit diesem Ereignis werden u. a. auch die aus zahlreichen Limeskastellen Süddeutschlands vorliegenden vergoldeten Buchstaben monumentaler Inschriften wie Abb. 78 in Verbindung gebracht.

70 Marmor-Panzerstatue des Kaisers Trajan (98–117 n. Chr.) zur Veranschaulichung der auf S. 88 abgebildeten Standbildfragmente. Louvre, Paris.

Götterverehrung und Volksglaube

Zahlreiche Ausdrucksformen der Religiosität legen Zeugnis davon ab, wie sehr in der Vorstellung der Soldaten und Vicusbewohner das gesamte private und öffentliche Leben, Natur, Himmel und Unterwelt, aber auch alles menschliche Wollen und Handeln, der Macht göttlicher Wesen unterstand. Für den Soldaten, der im fernen Rätien seinen Dienst tat, war der römische Götterhimmel, wie er z. B. in den Darstellungen des Weißenburger Schatzfundes überliefert ist, ein Faktum, an das er ebenso glaubte wie der christliche Soldat an seinen Herrgott. Man erflehte die Gunst der Götter durch Gebete, Opfer und Weihegaben. Je nach Vermögen stiftete man kleine Tempel oder Altäre – die in Rätien meist *Jupiter* geweiht waren wie z. B. der Altar des Präfekten *Marcus Victorius Provincialis* –, oder man brachte Weihegaben aus Bronze, Ton oder Edelmetall dar: Bildwerke, Götterstatuetten, Votivbleche, Gebrauchsgegenstände, Gefäße, Schmuck, Waffen und Münzen. Diese Gaben wurden entweder an ein Heiligtum gestiftet oder zu Hause in einem nischenförmigen Hausaltärchen zusammen mit den häuslichen Schutzgeistern (Laren) aufbewahrt. Die

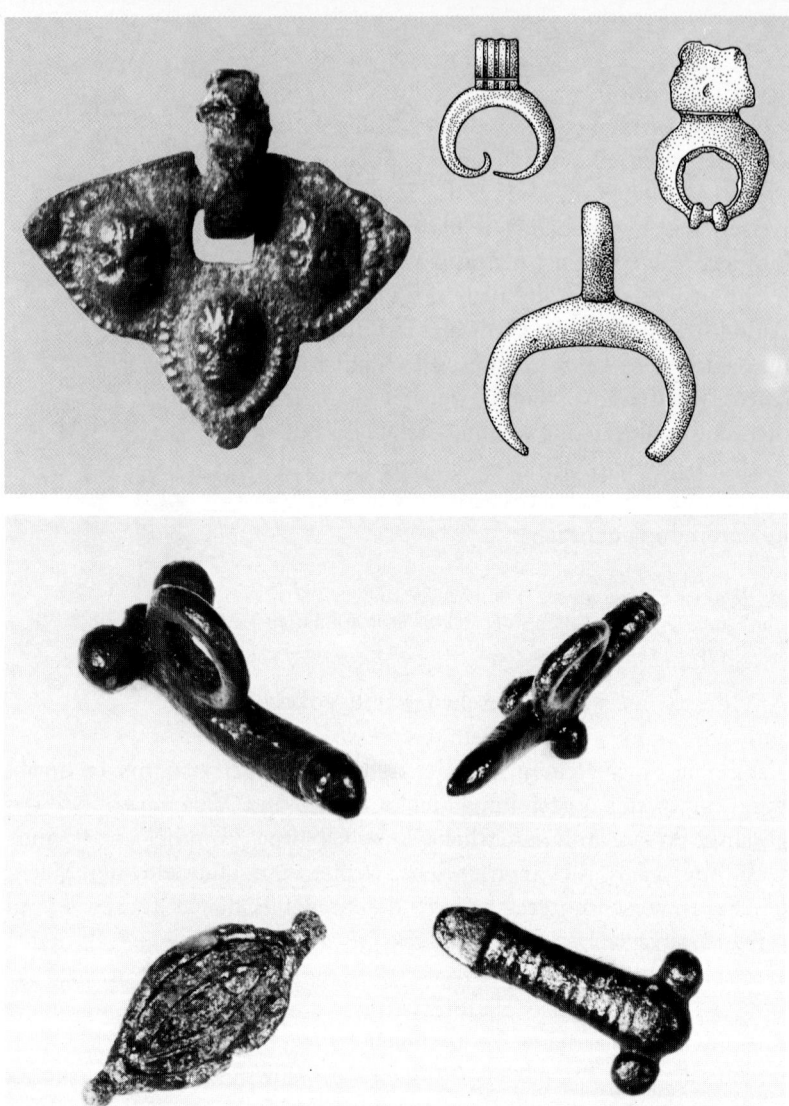

71 Schmuckanhänger für Mensch und Pferd mit magisch-apotropäischem Charakter: Blechgehänge mit drei menschlichen Masken sowie drei Kettenanhänger in Lunulaform. Bronze und Silber. Natürliche Größe.

72 Fruchtbarkeitsamulette: Zwei Phallusanhänger (oben) und zwei (aufgrund ihrer Fundlage zusammengehörige) Beschläge eines Lederriemens in Gestalt von Vulva und Phallus (unten). Bronze. Ungefähr natürliche Größe.

Opfer, meist Speise- oder Trankopfer, fanden an Altären zu Hause und unter freiem Himmel statt, also nicht in den Tempeln selbst; denn diese waren Häuser für die Kultbilder der Götter, keine Versammlungsräume für die Gemeinde. Bei der Bewältigung der oft schwierigen Lebensumstände sollten obendrein Zauberhandlungen und Amulette magischen Schutz für Mensch und Tier gewähr-

73 Votivtäfelchen an Victoria, gewidmet von Flavius Primus, *curator* aus der Reiterabteilung des Maximinus. Silber vergoldet. Natürliche Größe.

leisten. Neben der offiziellen Staatsreligion konnten sich noch zahlreiche religiöse Sonderformen entfalten, denn die Römer tolerierten die einheimischen Gottheiten der Provinzbevölkerung, setzten sie mit ihren eigenen gleich und gaben ihnen römische Namen (*Interpretatio Romana*). Die eigentlichen, keltischen oder germanischen, Namen der romanisierten Gottheiten sind daher meist unbekannt; besonders geschätzt war *Mercur* wegen seiner Vielseitigkeit. Die Assimilationskraft der römischen Religion bezeugen auch die vornehmlich im nordgallisch-obergermanischen Raum verbreiteten, am rätischen Limes bisher nur in Weißenburg (Vicus) vorkommenden Jupitergigantensäulen: Steinskulpturen auf Säulen mit der Darstellung des über einen Giganten hinwegreitenden *Jupiter*, hinter dem sich zugleich der keltische Himmelsgott *Taranis* verbirgt. Zu den wenigen keltischen Gottheiten, die ihren ursprünglichen Namen bewahrt haben, gehört die im gallo-römischen Bereich sehr beliebte Göttin *Epona*, die Herrin der Pferde und Reiter, die in Weißenburg offenbar besondere Verehrung genoß (s. S. 87 u. Abb. 37). Südlich der Stadt, nahe der B 2, ist ferner ein brunnenartig gemauerter Kultschacht mit eingebrachten Depotschichten aus Keramik und Tierknochen bezeugt, der auf sonst nicht näher bekannte, weitverbreitete Opferbräuche einer gallo-römischen Kultgemeinschaft hinweist. Gegen Ende des 2. Jahrhunderts gewannen in Rätien Heilslehren an Zulauf, vor allem orientalische Mysterienkulte wie der des persischen Gottes *Mithras*. Er wurde in eingetieften rechteckigen Kulträumen, den Mithräen, verehrt (in der Nähe Weißenburgs z. B. bei Wachstein). Elemente dieser Heilslehre finden sich auch im Christentum wieder.

Gräber und Bestattungssitten

Die Begräbnisplätze von *Biriciana* sind noch gänzlich unerforscht. Dies liegt zweifellos daran, daß ihre Erkennbarkeit heute nicht nur durch die moderne Überbauung und landwirtschaftliche Nutzung der fraglichen Friedhofsareale stark eingeschränkt ist, sondern auch durch die im 1. und 2. Jahrhundert dominierende Sitte der Bestattung in kleinen, unscheinbaren Brandgräbern. Ein Teil der Gräber wird daher aus Unachtsamkeit und Unkenntnis zerstört worden sein. Nicht wenige dürften hingegen noch in unüberbautem Gelände liegen, denn die Friedhöfe wurden nach antiker Sitte stets außerhalb der Wohnbereiche, entlang der Ausfallstraßen, angelegt.

Die Verbrennung des aufgebahrten, mit Tüchern bedeckten Toten erfolgte am rätischen Limes normalerweise auf einem gesonderten Brandplatz (*ustrina*). Daneben kannte man auch die Verbrennung gleich über der vorbereiteten Grabgrube, in die dann die Asche hinabfiel (*bustum*). Mit dem Toten verbrannt wurden meist auch Tongefäße mit Speise und Trank, wohlriechende Essenzen, Weihrauch, Objekte

74 Grabmal aus Kalkstein mit Ansatz einer ehemals vorhandenen Zapfenbekrönung. Spolie aus der St.-Andreaskirche. Höhe noch 1,48 m.

75 Brandgrab (1962 südlich der Stadt, an der Bundesstraße 2 aufgedeckt): in der Grabgrube die Urne mit dem Leichenbrand, die eingeschütteten Scheiterhaufenrückstände, eine unverbrannte Öllampe, die Bruchstücke zweier im Feuer zersprungener Tongefäße sowie Metallbeschläge eines mitverbrannten Holzkästchens.

76   Verbrennen eines Verstorbenen auf dem Scheiterhaufen.

des Totenkults (z. B. tönerne Lichthäuschen, Räucherkelche oder ein Öllämpchen als Symbol des ewigen Lichts), Münzen als »Charonspfennig« sowie persönliche Dinge (z. B. Kleidungsstücke, Schmuck, Kinderspielzeug). Bei den Ustrinabestattungen gab es solche mit separater Verwahrung des ausgelesenen, gewaschenen Leichenbrands in einem Behälter oder Beutel (darunter Urnengräber wie Abb. 75), ferner Brandschüttungsgräber, bei denen die Scheiterhaufenreste mit dem Leichenbrand und den verbrannten Beigaben in freier Erde bestattet wurden. Außerdem brachte man am offenen Grab Trankopfer dar und gab die dazu gebrauchten Gefäße gelegentlich unverbrannt mit ins Grab. Da die Familie des Toten durch ihre Berührung mit diesem als »unrein« galt, schlossen sich an die Beisetzung ein weiteres Opfer und Reinigungsrituale an, die nach Ablauf einer neuntägigen Trauerzeit wiederholt wurden. Die Bestattung endete mit einem Totenmahl, dem der Tote nach antiker Vorstellung beiwohnte. Das Andenken an den Toten wurde durch den jährlichen Gedenktag, manchmal außerdem durch einen Grabstein oder Holzpfahl mit Inschrift wachgehalten (Abb. 74). Seit dem 2. Jahrhundert setzte sich unter dem Einfluß orientalischer Kulte allmählich die Körperbestattung durch. Eine ordnungsgemäße Beerdigung sicherte man sich übrigens zu Lebzeiten durch Einzahlen in eine Sterbekasse.

Die Lebensverhältnisse der Bewohner

Die äußeren Lebensumstände der einstigen Bewohner wurden in hohem Maße von den überörtlichen militärischen und zivilen Funktionen Weißenburgs geprägt. Bestimmender Faktor war zweifelsohne die Anwesenheit der *Ala I Hispanorum Auriana*, jener bedeutenden Reitertruppe also, mit der man durch ein vielfältiges Geflecht wechselseitiger – wirtschaftlich-sozialer wie verwandtschaftlicher – Beziehungen verbunden war. Zu dieser »Symbiose« von Garnison und Vicus trat als weiterer prägender Faktor noch die spezifische »Infrastruktur« des Weißenburger Landes mit ihrer auffallenden Massierung landwirtschaftlicher Gutsbetriebe im Umkreis der Treuchtlinger Bucht (s. S. 108 ff.). Durch ihre geographische Nähe und verkehrsgünstige Lage geben letztere ihre wirtschaftliche und verwaltungspolitische Anbindung an Weißenburg als nächstgelegenen Zentralort deutlich zu erkennen. In dieser Markt- und Händlersiedlung, die Kopfstation der wichtigen, von der Provinzhauptstadt Augsburg kommenden Verkehrsstraße war, spielte sich im wesentlichen der Warenumschlag zwischen Landwirtschaft, Handel, Gewerbe und Militär ab. Hier wurden die verschiedensten Produkte vertrieben, von denen dann ein gut Teil an die Bevölkerung des Umlandes, besonders an die Truppen und Zivilbewohner der benachbarten Grenzkastellorte, gelangte. Welch reges Leben damals in *Biriciana* herrschte, wurde bereits in den vorausgegangenen Kapiteln – z. B. »Reiterspiele und Vorführungen«, »Die Thermen« oder »Götterverehrung und Volksglaube« – deutlich. Darüber hinaus sind die zahlreichen, aus Notgrabungen und amtlichen Plangrabungen stammenden Kleinfunde wie Abb. 77–99 dazu

77 Bronzenes Börsenarmband von Niederhofen bei Weißenburg zur Aufbewahrung von Geld, dazu römische Silber- und Bronzemünzen aus Weißenburg. Im Vordergrund drei Messingmünzen aus dem Kastellbereich: rechts ein Sesterz des Kaisers Antoninus Pius, daneben ein Dupondius des Trajan, links ein Sesterz des Philippus I. (Rückseite). Dahinter der Schatzfund von 30 Silbermünzen, sog. Antoninianen, die 1892 im Kastell (an der Hauptstraße nahe dem Westtor) gefunden wurden. Sie sind unter den Kaisern Gordian III., Philippus I., Traianus Decius, Trebonianus Gallus und Volusian in den Jahren zwischen 238 und 253 geprägt. Die spätesten Stücke stammen aus den Prägejahren 251/253. Wahrscheinlich wurde der Münzschatz im Zusammenhang mit der Zerstörung des Kastells durch die Alamannen vergraben.

78 Vergoldete Bronzeblechlettern einer monumentalen Bau- oder Triumphinschrift vom Osttor des Kastells. Höhe des größten Buchstabens 9,2 cm.

79 Eiserne Wagenteile: Nabenringe, Nabenvorstecker (Lonen) und Gleiteisen zum Bremsen der Wagenräder. Länge des größeren Vorsteckers 22,4 cm.

96

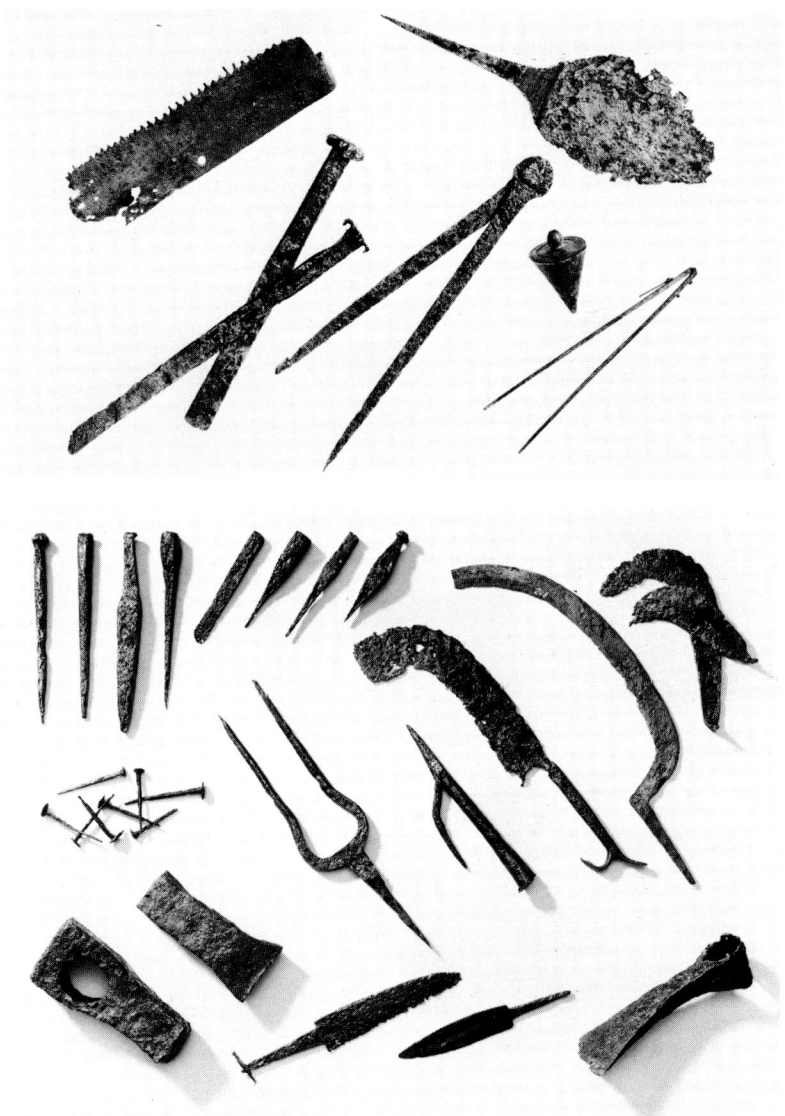

80 Gerätschaften aus Eisen und Bronze: Sägeblatt, Stemmeisen, Splintbolzen, Maurerkelle, Zirkel, Lot und Klappmaß. Länge des Meßstabs 294–295 mm = 1 röm. Fuß.

81 Eisengerät: Durchschläge, Punzen, Meißel, Ahlen, Nägel, Gabel, Enterhaken, Faschinenmesser, Sense, Laubschere, Setzhammer, Keil, Messer, Hacke. M. 1 : 10.

geeignet, das Gesamtbild wesentlich abzurunden. Aus Weißenburg sind durch Funde bisher folgende handwerkliche Tätigkeiten in zivilen oder truppeneigenen Betrieben bezeugt: Bronze-, Eisen-, Blei-, Holz-, Textil- und Lederhandwerker, Töpfer, Ziegler, Metzger, Weber, Stellmacher, Steinmetze, Bauhandwerker, Graveure, Maler, Kalkbrenner, Bader und Landwirte. Zahlreiche Importartikel erlauben Rückschlüsse auf weitreichende Handelsbeziehungen. So bezog

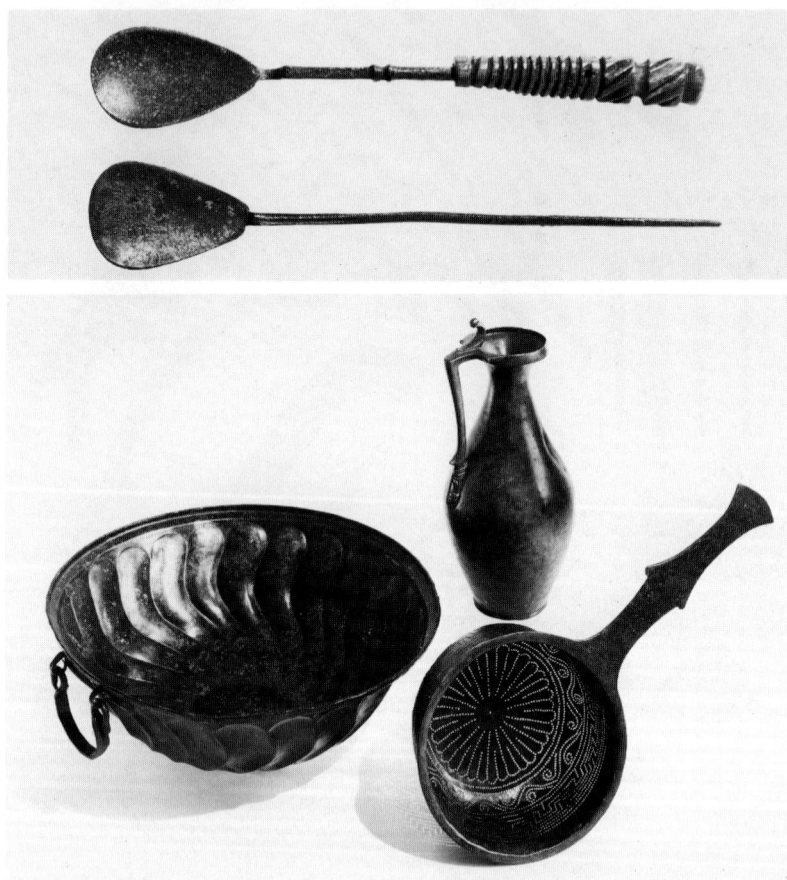

82   Zwei Bronzelöffel (einer mit verziertem Beingriff). Länge des oberen 14 cm.

83   Bronzegeschirr aus dem großen Verwahrfund: Henkelschale mit geripter Wandung, Kanne mit Attasche in Form eines Fußes und Weinsieb. Höhe der Kanne 28 cm.

man das rotglänzende, oft mit Reliefs verzierte römische Tafelgeschirr (*Terra sigillata*) im späten 1. Jahrhundert zunächst aus Südgallien (vor allem aus La Graufesenque), wenig später dagegen vorwiegend aus den mittel- und ostgallischen Manufakturen von Lezoux, Heiligenberg/Elsaß und Rheinzabern/Pfalz. Ein weitgefächertes Bild bot bereits die unterschiedliche Herkunft der Statuetten des Weißenburger Schatzfundes: Rom, Gallien und östlicher Mittelmeerraum. An weite-

84 Feines rotglänzendes Tafelgeschirr aus Terra sigillata, das beliebte »Porzellan« der Römer: importierter Markenartikel aus süd-, mittel- und ostgallischen Töpferwerkstätten. Höhe des Bechers 9,8 cm.

85 Feinkeramik, meist dunkel gefirnißte »rätische Ware«, dazu ein tongrundiger, in Weißenburg (?) hergestellter Topf mit plastischem Gesichtsdekor (links). Höhe 17 cm.

86 Bronzener Anhänger mit Fassung für einen Siegelstein in Form einer Hand, die einen Ring mit Tierkopfenden hält; dazu zwei bronzene Siegelkapseln mit Emaileinlagen und vier eiserne Schreibgriffel. Länge des größten Stücks 14 cm.

87 Hypokaustpfeilerplatte aus dem Kastell mit eingeritztem Alphabet. Derartige Alphabet-Inschriften auf Hypokaustziegeln waren im römischen Imperium weit verbreitet. Sie stellen häufig Grabbeigaben dar und gelten deshalb nicht nur als Zeugnisse von Schreibversuchen, sondern auch – namentlich diejenigen aus Gräbern – als Objekte magisch-symbolischer Bedeutung. Größe 18 × 18 × 4 cm.

ren Handelsgütern sind bezeugt: Gläser aus Oberitalien, dem Rhein- und Voralpenland, Lavezsteingefäße aus dem Südalpenraum (Tessin, Veltlin), Marmorarbeiten aus Italien, Weihrauch aus Syrien sowie Amphoren aus Südfrankreich und Spanien. Letztere dienten zum

88 Medizinisch-kosmetische Instrumente aus Bronze: Spatel- und Löffelsonden, Ohr- und Eiterlöffelchen, Wundhaken und Skalpell mit silbertauschiertem Griff. Länge des größten Stücks 17,2 cm.

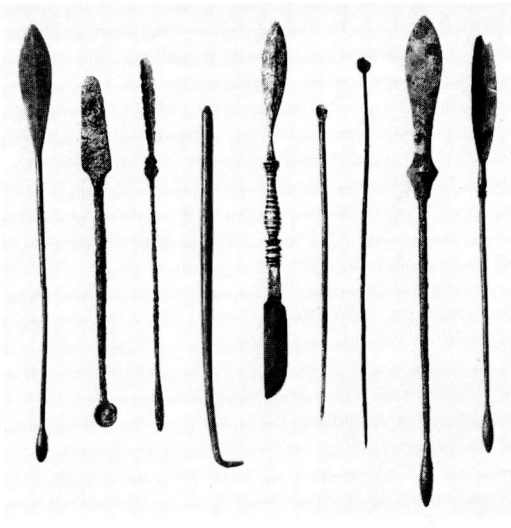

89 Bronzene Schlüssel-Fingerringe, treibverzierte Blechbeschläge und Tragegriff hölzerner Schatullen oder Kästchen. Maße des größeren Schloßblechs 12,5 × 11 cm.

Transport von Wein, Olivenöl, eingesalzenen Fischen, Fischsoßen und eingelegten Früchten wie Oliven und Datteln. Die Einführung neuer Speise- und Trinkgewohnheiten markieren auch zahlreiche Funde von Reibschalen; in ihnen wurden Würzsoßen und kalte pikan-

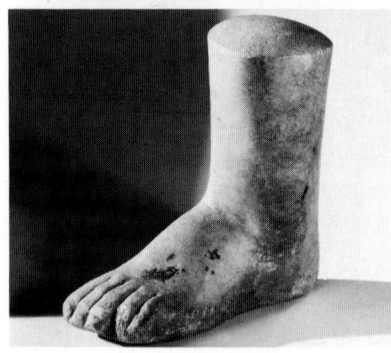

90 Bronzene und eiserne Tierglocken. Höhe der linken Glocke 6,8 cm.

91 Fuß aus Kalkstein, verwendbar als Schuhleisten und (bei Drehung um 180 °) als Stößel zur Herstellung pulveriger Substanzen. Höhe 18 cm.

92 Handtellergroße »Tonkuchen« mit Rollrädchenzier – Kinderspielzeug?

93 Rot bemalte Hängelampe in Form eines liegenden Tiers. Länge 10,1 cm.

94 Aus Bein gedrechselte Spielsteine, Zähl- und Rechenmarken.

95 Fibelformen, vornehmlich des 1. bis 3. Jahrhunderts: verschiedenartige Gewandspangen oder Broschen, die nach Art der Sicherheitsnadeln den Stoff der Kleidung zusammenhielten und diese gleichzeitig schmückten. Ihre zum Teil sehr unterschiedliche Ausführung (vgl. auch Abb. 96) war stark vom zeitlichen und regionalen Modegeschmack, aber auch von der sozialen Stellung und dem Repräsentationswillen ihrer Besitzer abhängig. Sie wurden von Männern in der Regel auf der rechten Schulter getragen, während sich Frauen gewöhnlich mit mindestens einem Fibelpaar schmückten. Bei der hier gezeigten Auswahl an Fibelfunden überwiegen schlichte Formen, die sog. Soldatenfibeln. Das älteste Stück ist ohne Zweifel die Fibel oben links, offenbar ein Altstück, das noch in den Jahrzehnten vor Christi Geburt gefertigt wurde und deshalb den übrigen, zweifelsfrei römischen Fundstükken nicht ohne weiteres zur Seite gestellt werden darf. Letztere kamen – mit Ausnahme der Bügelknopffibel oben rechts, die bei Burgsalach (nahe am Limeswachtposten 14/47) gefunden wurde und anscheinend von germanischen Zuwanderern des 4. Jahrhunderts stammt (vgl. S. 114 f.) – fast ausnahmslos im Bereich des Kastells und der großen Thermenanlage zutage und gehören in die Zeit der Existenz des römischen Militärstützpunktes.

96 Bronzefibeln der mittleren Kaiserzeit: Scheibenfibel mit vergoldetem Preßblechmedaillon, dazu Tier-, Omega- und Hakenkreuzfibeln. Scheibenfibel M. 3 : 2.

97 Verzierte Köpfe bronzener und beinerner Haarnadeln aus dem Bereich des Kastells, der Zivilsiedlung und der Thermen. Sie schmückten die Frisuren der Damen, hielten eine Haube, ein Haarnetz, ein Kopfband oder eine ins Haar geflochtene Zierkette fest.

98 Haar- und Nähnadeln sowie Toilettegeräte aus Bronze und Bein, wie sie insbesondere in den Abwässerkanälen der großen Thermenanlage in großer Zahl und Formenvielfalt zutage kamen.

106

99 Schmuck aus der großen Thermenanlage: Bronzefingerring mit geschnittener Gemme aus Lagenonyx, Gemme aus rotem Jaspis, bronzene Scheibenfibel mit blauen und weißen Emaileinlagen, goldener Hakenohrring mit gefaßtem Schmuckstein (Smaragdcabochon?) und einem von ursprünglich drei Perlenanhängern sowie Ohrgehänge aus teilvergoldetem Silber. Leicht vergrößert.

te Gerichte angerieben. Eine erstaunliche Vielfalt an Sämereien, Gewürzen und Obstkernen erbrachte neuerdings die botanische Untersuchung römischer Brunnenfüllungen aus dem Kastell Ellingen durch U. Körber-Grohne. So konnten u. a. nachgewiesen werden: Emmer, Einkorn, Dinkel, Feigen, Äpfel, Birnen, Kirschen, Pflaumen, Schlehen, Walderdbeeren, Himbeeren, Brombeeren, Rübsen (zur Gewinnung von Öl), Mohn, Dill, Sellerie, Rispenhirse und Koriander. Tierknochen bezeugen ferner eine hochentwickelte Groß- und Kleinviehzucht. Daß die Kenntnis des Lesens und Schreibens allgemein verbreitet war, bekunden z. B. die häufig gefundenen Schreibgriffel, Siegelkapseln und Ritzinschriften auf Tongefäßen. Gut belegt ist auch die allgemeine Verwendung von Geld in einem wohlentwickelten Währungssystem sowie der Gebrauch weithin einheitlicher Maße und Gewichte. Die ökonomische und soziale Differenzierung spiegelt sich am deutlichsten in den vielfältigen Zeugnissen persönlichen Eigentums wie Mobiliar, Schmuck, Trachtaccessoires oder Spielgerät.

Die zivile Besiedlung im Hinterland

Die Erschließung des eroberten Landes geschah zunächst durch Anlegen von Fernstraßen. Die meist geradlinig verlaufenden, zwischen 4,6 und 6 m breiten Straßen bestanden durchweg aus einem leicht gewölbten, beiderseits von einem Graben gesäumten Damm mit einer 20 bis 30 cm starken Steinpackung als Unterbau und einem schotterartigen Kiesbelag. Sie ermöglichten nicht nur rasche Truppenbewegungen im Grenzgebiet sowie Truppenverlegungen selbst über große Entfernungen, sondern auch den Kurierdienst zwischen der Provinzhauptstadt und den einzelnen Grenzgarnisonen. Eine der Hauptverbindungen, die Grenzkastellstraße Pfünz–Weißenburg–Gnotzheim, war südöstlich von Burgsalach noch durch eine ganze Reihe von Straßentürmen zur besseren Kontrolle dieses grenznahen, neuralgischen Streckenabschnitts gesichert. Daneben dienten die Straßen natürlich auch dem Handels- und Reiseverkehr und schufen so eine wesentliche Voraussetzung für die wirtschaftliche Erschließung des besetzten Landes. Es war kaiserliche Domäne und konnte daher Kolonisten, Pächtern und Veteranen in Erbpacht zugeteilt werden. Ihre Gutshöfe (*villae rusticae*) lagen stets in erreichbarer Nähe von Quellen oder Bachläufen, meist an trockenen, sonnigen Hängen mit guter Aussicht über die dazugehörigen Felder und Fluren und waren durch Stichstraßen an das öffentliche Straßennetz angeschlossen.

Über die dichte räumliche Verteilung, Größe und Grundrißform dieser landwirtschaftlichen Gutsbetriebe im Weißenburger Land wissen wir inzwischen durch einige Ausgrabungen und vor allem durch die aufschlußreichen Ergebnisse archäologischer Befliegungen des Jahres 1976 recht gut Bescheid (Abb. 100–105). Danach bestimmten einzeln stehende Gutshöfe kleinerer bis mittlerer Betriebsgröße mit schätzungsweise 40–120 ha Ackerland das Bild dieser Landschaft, also keine Großbetriebe mit Ländereien von ca. 200–400 ha Ausdehnung, wie sie im Rheinland oder in der Schweiz vorkommen. Hier, im Nahbereich der Limeskastelle, hatten die Gutshöfe in erster Linie die

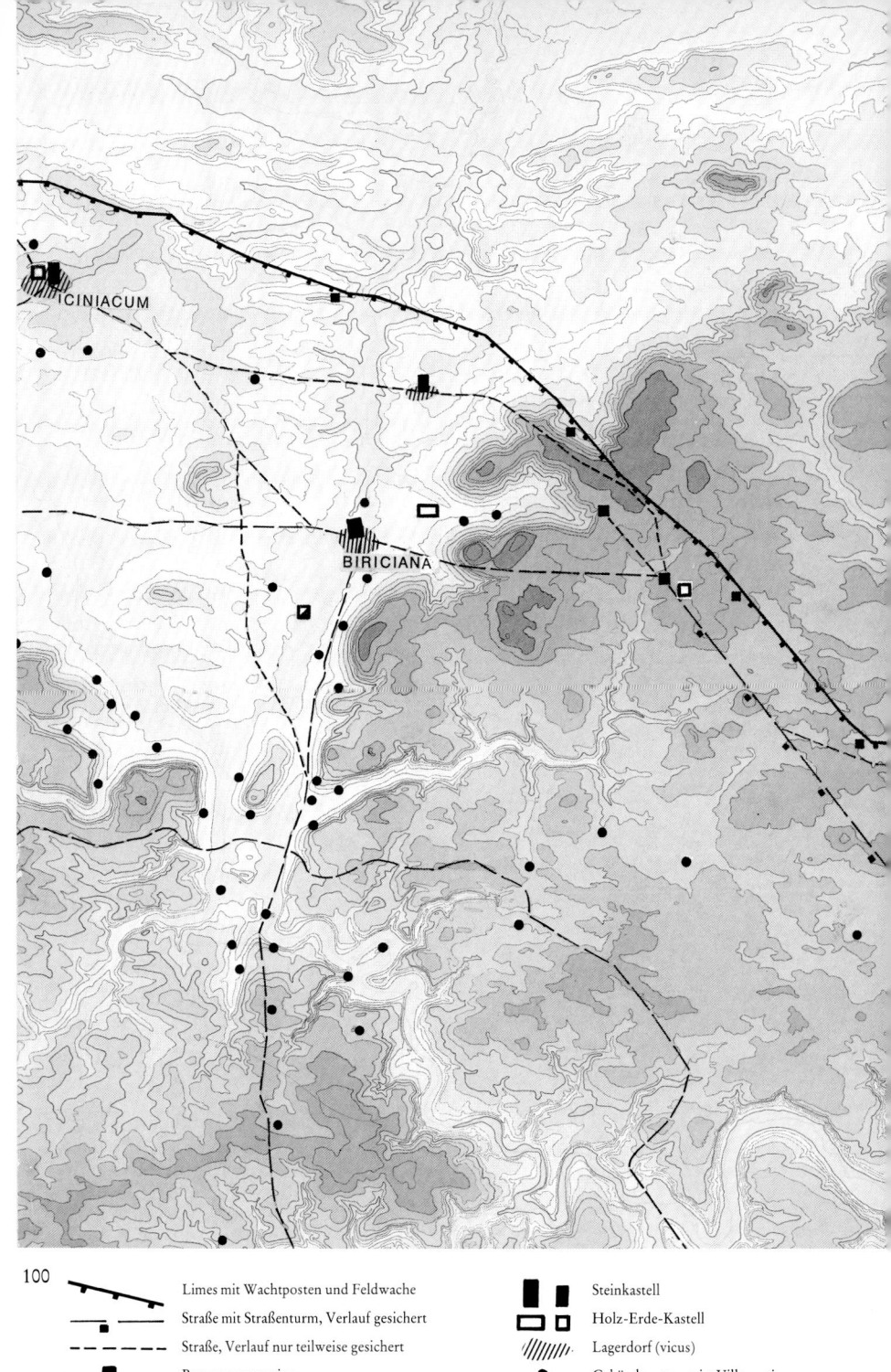

CINIACUM

BIRICIANA

100

Limes mit Wachtposten und Feldwache

Straße mit Straßenturm, Verlauf gesichert

Straße, Verlauf nur teilweise gesichert

Burgus centenarius

Steinkastell

Holz-Erde-Kastell

Lagerdorf (vicus)

Gebäudereste, meist Villa rustica

Grenztruppen und Vicusbewohner mit dem Lebensnotwendigen zu versorgen. Dies erklärt auch ihre auffallende Massierung in den ertragreichen Anbaugebieten des Albvorlandes südlich von Weißenburg.

Die römischen Gutshöfe waren selbständige wirtschaftliche Einheiten, die weitgehend im Familienbetrieb bewirtschaftet wurden. Meist setzte sich ein solcher Betrieb aus mehreren Bauten zusammen, die in lockerer Streulage den Gegebenheiten des Geländes entsprechend beim Wohngebäude, der eigentlichen Villa, gruppiert waren. Bei den Nebengebäuden handelte es sich gewöhnlich um kleine Badegebäude, Unterkünfte für das Gesinde, Ställe, Scheunen, Werkstätten zur Weiterverarbeitung der landwirtschaftlichen Produkte und Tennen. Oft war der gesamte Komplex noch von einer Mauer umschlossen. Einzelne Fragmente von Steinplastiken weisen ferner darauf hin, daß im Hof manchmal auch Weihedenkmäler für Gottheiten aufgestellt waren.

Grundtyp des Hauptgebäudes ist oft eine Porticusvilla mit Eckrisaliten und einer Mittelhalle (Abb. 104). Einen Eindruck von der recht großzügigen architektonischen Gestaltung eines solch repräsentativen, 1964 nordwestlich von Schambach aufgedeckten Gebäudes mit offenem Innenhof, mehreren Säulenhallen und beachtlichem Wohnkomfort (Wandmalereien, Räume teilweise beheizbar) vermittelt

unsere Abb. 102. Der geschlossene, 37 × 25 m große Bau läßt deutlich den Abglanz städtischer Kultur erkennen, wie er sich neuerdings noch besonders eindrucksvoll in einer ca. 1100 m südlich dieses Gebäudes, im Areal ei-

101 Treuchtlingen-Schambach. Römische Brunnenmaske aus Bronze mit Darstellung des Gottes Oceanus. Höhe 17,3 cm.

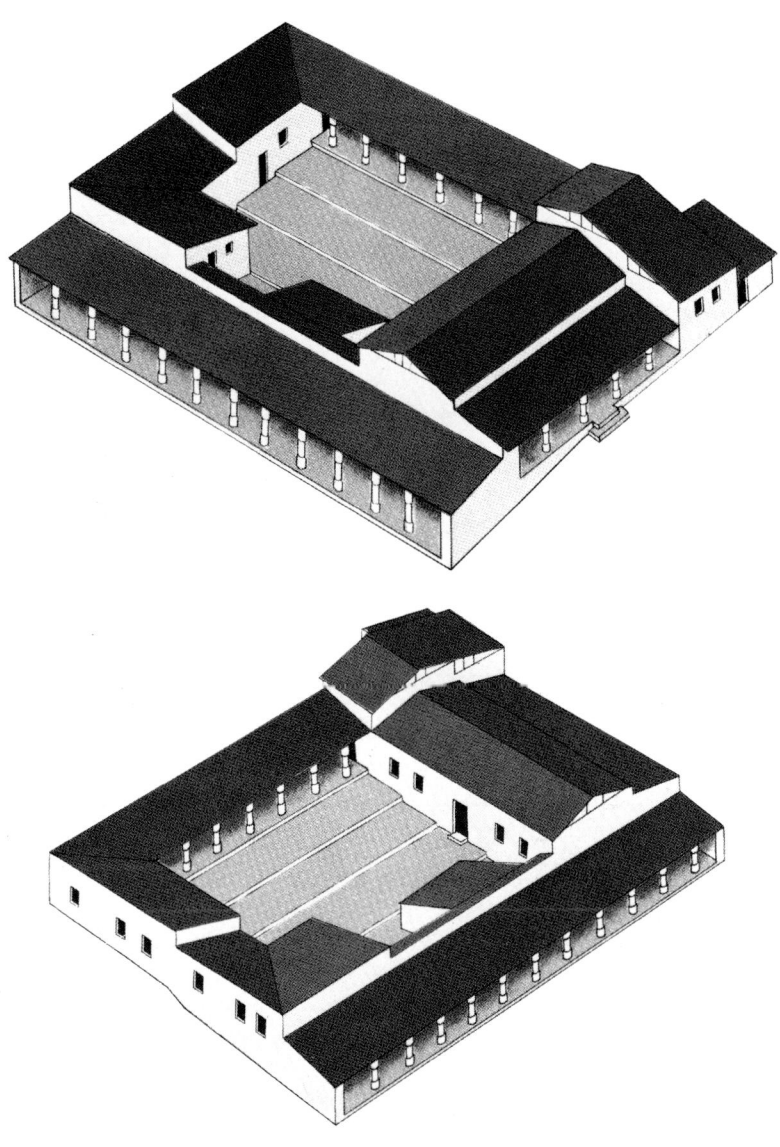

102 Treuchtlingen-Schambach. Rekonstruktionsansichten vom Wohngebäude eines römischen Gutshofes mittlerer Größe, wie er für den Weißenburger Raum typisch ist. Oben:
Ansicht von Südsüdwesten; unten: Ansicht von Westnordwesten. M. 1 : 450.

103 Römischer Gebäudegrundriß bei Rothenstein, Stadtkreis Weißenburg (Seitenlänge ca. 26 m). Obwohl in der Literatur über Ausgrabungen in diesem bereits 1790 entdeckten Gebäude mehrfach berichtet wurde, konnte der genaue Verlauf seiner Grundmauern erst im Sommer 1976 – fast 200 Jahre nach Entdeckung dieser Anlage – durch Luftbilder erfaßt werden.

104 Hauptgebäude eines römischen Gutshofes *(villa rustica)* beim Markhof, 2,5 km südlich von Weißenburg (vgl. Abb. 1). Seine Grundmauern sind im Getreide als negatives Bewuchsmerkmal erkennbar. Ansicht von Norden.

ner benachbarten Villenanlage zutage gekommenen Brunnenmaske in Gestalt des Wassergottes *Oceanus* darbietet, die hinsichtlich ihrer künstlerischen Qualität – in Ausführung wie Ausdruck – unverkennbar die Merkmale klassischer Arbeit aufweist (Abb. 101).

Abseits der fruchtbaren Böden am Rande der Altmühl- und Rezatsenke, in den unwirtlichen Höhenlágen der Albhochfläche, finden sich nur wenige Wirtschaftshöfe. In ihnen wurde wohl hauptsächlich Vieh- und Holzwirtschaft betrieben. Im östlichen Teil der Alb, im Gebiet des Weißenburger Reichsforstes und der Pappenheimer Mark, dürften außerdem der Abbau und die Verhüttung von Eisenerz eine wichtige wirtschaftliche Grundlage für die dort ansässigen Bewohner gebildet haben. Darauf deuten nicht nur die dortigen, bis ins Jahr 1873 ausgebeuteten Eisenerzvorkommen (Bohnerz) hin, sondern auch zahlreiche Schlackenfunde aus römischen (und spätrömischen) Fundzusammenhängen im Raum Weißenburg-Schambach (s. auch S. 115). Eine noch zu lokalisierende Steinmetzwerkstatt, die vielleicht im Raum Höttingen-Ellingen lag, belieferte die gesamte Gegend mit Architekturteilen (z. B. Säulen mit Schilfblattkapitellen) aus Höttinger Sandstein.

105 Markhof. Der gesamte, aus mehreren Einzelgebäuden bestehende Komplex dieses landwirtschaftlichen Betriebs in einer späteren Aufnahme (1981). Links unten das Hauptgebäude, die eigentliche Villa. Ansicht von Westen.

Die überörtliche Bedeutung Weißenburgs in römischer und merowingischer Zeit gibt Anlaß zur Frage nach den Siedlungsverhältnissen in den dazwischenliegenden Jahrhunderten. Nach der Zurückverlegung des Limes an die Donau und der Räumung des verwüsteten Landes wurde das Gebiet um Weißenburg von Alamannen und Juthungen in Besitz genommen, aber noch nicht planmäßig besiedelt. Es blieb weiterhin Frontland, das von anhaltenden germanischen Vorstößen ins Reichsgebiet und römischen Gegenschlägen ständig in Mitleidenschaft gezogen wurde. Archäologisch spiegelt sich dies in einer ausgesprochenen Fundarmut. Im letzten Drittel des 4. Jahrhundert gibt es dann handfeste Anzeichen für eine Aufsiedlung des Landes durch eine größere germanische Siedlergruppe mit Kulturmerkmalen thürin-

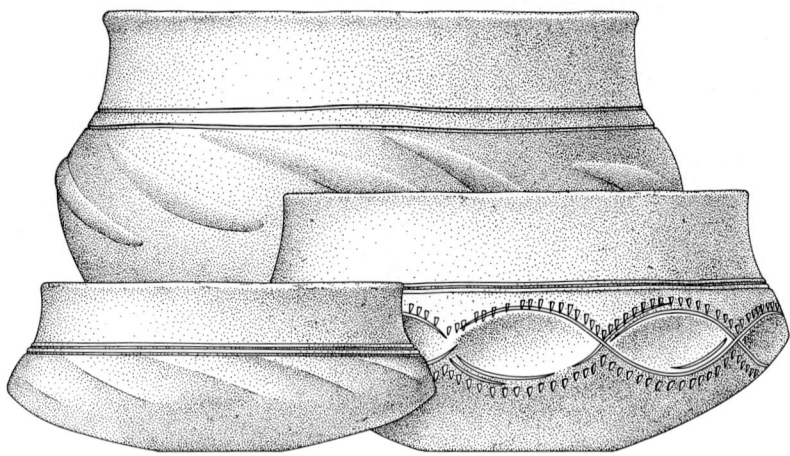

106   Tonschüsseln elbgermanisch-böhmischer Art aus einer Siedlung des 4./5. Jahrhunderts bei Treuchtlingen-Schambach. Die hier archäologisch faßbare Ansiedlung einer germanischen Volksgruppe im Weißenburger Land durch Träger der sog. Gruppe Friedenhain-Přešťovice wirft zugleich ein bemerkenswertes Schlaglicht auf die Besiedlung des nordrätischen Raumes und seines Vorfeldes durch elbgermanische Zuwanderer aus Böhmen, die vermutlich mit den *Baiuvarii* (= Männer aus Böhmen) – dem namengebenden Traditionskern des späteren, aus verschiedenen germanischen und romanischen Bevölkerungssplittern zusammengewachsenen Baiernstamms – identisch sind.

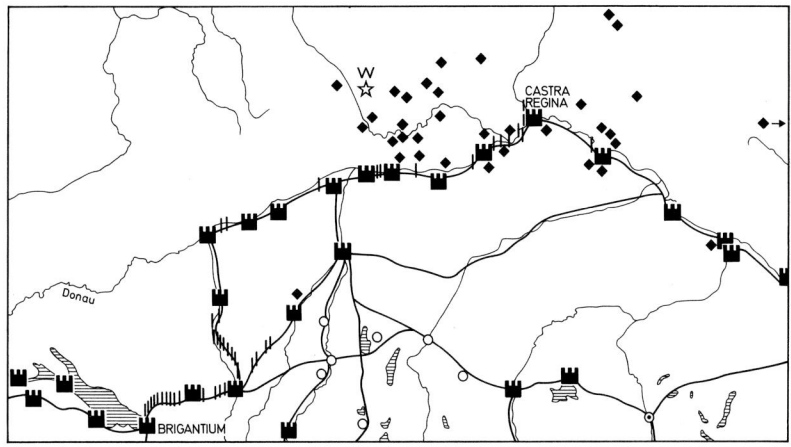

107 Der Weißenburger Raum (W) im Westen des germanisch besiedelten Vorfelds der spätrömischen Grenzbefestigung, einer Kette von relativ eng benachbarten Wachttürmen *(burgi)* entlang der Flüsse Donau, Iller und Rhein. Schwarze Vierecke: Funde der Gruppe Friedenhain-Přešťovice.

gisch-elbgermanischer Art (Abb. 106). Ihre besten Parallelen finden sich hauptsächlich in einem Raum, der von Böhmen im Nordosten bis zur Altmühl im Südwesten reicht; sie begegnen aber auch vereinzelt in den römischen Grenzgarnisonen an Donau und Iller (Abb. 107). Es ist wohl kaum Zufall, daß das Hauptverbreitungsgebiet dieser sog. Gruppe Friedenhain-Přešťovice im Vorfeld der römischen Donaugrenze liegt und ihr erstmaliges Auftreten in diese Zeit fällt. Als mutmaßliche Verbündete der Römer waren ihr anfänglich wohl wichtige Aufgaben bei der Grenzsicherung anvertraut. Daneben gab es anscheinend auch eine wirtschaftliche Zusammenarbeit. In diese Richtung könnten jedenfalls die damals erfolgte Instandsetzung der alten Römerstraße im Bereich einer 1976 entdeckten germanischen Siedlung bei Schambach und die dort nachgewiesene Eisenverhüttung deuten. Der endgültige Zusammenbruch der römischen Grenzsicherung in der zweiten Hälfte des 5. Jahrhunderts hatte offenbar auch im Weißenburger Land tiefgreifende strukturelle Veränderungen zur Folge. Die dadurch mögliche Landnahme durch alamannische Siedler war wiederum Voraussetzung für die besondere Rolle Weißenburgs als fränkischer »Eckpfeiler« im äußersten Osten des alamannischen Stammesgebietes (s. S. 11).

Literaturhinweise

Baatz, D.: Der römische Limes. Archäologische Ausflüge zwischen Rhein und Donau (²1975)
–: Römische Bäder mit hölzernen Apodyterien. In: Archäologisches Korrespondenzblatt 3, 1973, 345 ff.
–: Die Wachttürme am Limes. Kleine Schriften zur Kenntnis der römischen Besetzungsgeschichte Südwestdeutschlands 15 (1976)
–: Das Kastell Munningen im Nördlinger Ries. In: Saalburg-Jb. 33, 1976, 11 ff.
–, und F.-R. Herrmann (Hrsg.): Die Römer in Hessen (1982)
Braasch, O.: Luftbildarchäologie in Südwestdeutschland. Kleine Schriften zur Kenntnis der römischen Besetzungsgeschichte Südwestdeutschlands 30 (1983), 75 u. 112 f.
Braun, R.: Die Anfänge der Limesforschung in Bayern. In: Jahrbuch für fränkische Landesforschung 42, 1982, 1 ff.
Dannheimer, H.: Die germanischen Funde der späten Kaiserzeit und des frühen Mittelalters in Mittelfranken. Germanische Denkmäler der Völkerwanderungszeit. Ser. A, Bd. 7 (1962)
Davies, R. W.: The Daily Life of the Roman Soldier under the Principate. Aufstieg und Niedergang der römischen Welt. Prinzipat: Teil II,1, 1974, 299 ff.
Dietz, K. H.: Die Bauinschrift des Limeskastells Ellingen, Landkreis Weißenburg-Gunzenhausen, Mittelfranken. In: Das archäologische Jahr in Bayern 1980 (1981), 118 f.
–: Kastellum Sablonetum und der Ausbau des rätischen Limes unter Kaiser Commodus. Die Lagertorinschrift vom Kleinkastell Ellingen, Ldkr. Weißenburg-Gunzenhausen, Mittelfranken. In: Chiron 13, 1983, 497 ff.
–, und G. Weber: Fremde in Rätien. In: Chiron 12, 1982, 409 ff.
–, U. Osterhaus, S. Rieckhoff-Pauli und K. Spindler: Regensburg zur Römerzeit (²1979)
Domaszewski, A. v.: Die Rangordnung des römischen Heeres. Beihefte der Bonner Jahrbücher 14, 1967
Eckhardt, K.: Limes 3. Der rätische Limes von Lorch im Remstal bis zur Donau. Kompaß-Wanderführer (1979)
Eigler, F.: Weißenburgs überregionale Bedeutung zur Zeit Karls des Großen. In: Villa nostra. Beiträge zur Weißenburger Stadtgeschichte 4, 1975, 29 ff.
Fabricius, E., u. a.: Das Kastell Weißenburg. Der obergermanisch-rätische Limes

des Römerreiches (ORL). Abt. B Nr. 72 (1907)

–, F. Hettner und O. v. Sarway: ORL. Abt. A, Die Strecken, Bd. VII: Strecke 14 (1927)

Filtzinger, Ph.: Limesmuseum Aalen. Kleine Schriften zur Kenntnis der römischen Besetzungsgeschichte Südwestdeutschlands 26 (1981)

–, D. Planck und B. Cämmerer: Die Römer in Baden-Württemberg (^{2}1976)

Fischer, Th.: Der Übergang von der Spätantike zum frühen Mittelalter in Ostbayern. In: Führer zu archäologischen Denkmälern in Deutschland 5/I, 1984, 236 ff.

FMRD: Die Fundmünzen der römischen Zeit in Deutschland. Abt. Bayern, Bd. 5, Mittelfranken, bearb. von H.-J. Kellner (1963)

Frank, M.: Altertumsverein – Verein für Heimatkunde Weißenburg i. Bayern und Umgebung / 1889–1920–1935. In: Uuinzinburc-Weißenburg 867–1967, Beiträge zur Stadtgeschichte (1967), 127 ff.

Gamer, G.: Fragmente von Bronzestatuen aus den römischen Militärlagern an Rhein- und Donaugrenze. In: Germania 46, 1968, 53 ff.

Garbsch, J.: Der spätrömische Donau–Iller–Rhein-Limes. Kleine Schriften zur Kenntnis der römischen Besetzungsgeschichte Südwestdeutschlands 6 (1970)

–: Römische Paraderüstungen. In: Münchner Beiträge zur Vor- und Frühgeschichte 30 (1978)

Heinz, W. H.: Römische Bäder in Baden-Württemberg (1979)

–: Römische Thermen, Badewesen und Badeluxus im Römischen Reich (1983)

Herrmann, F.-R.: Eine römische Villa bei Schambach im Landkreis Weißenburg. In: Jahresber. d. Bayer. Bodendenkmalpflege 6/7, 1965/66, 14 ff.

–: Ausgrabungen in Bayern. In: Sonderheft d. Zschr. »Bayerland« (1967), 24 ff.

–: Neue Ausgrabungen in Mittelfranken. In: Jahrbuch des Historischen Vereins f. Mittelfranken 85, 1969/70, 211 ff.

–: Das römische Kastellbad von Theilenhofen. Neue Ausgrabungen in Bayern. In: Probleme der Zeit 1970, 28 ff.

–: Römerzeit und Frühgeschichte. In: Im Weißenburger Land (1971), 58 ff.

–: Das römische Kastellbad bei Theilenhofen. In: Gunzenhäuser Heimat-Bote, Bd. 9, Nr. 7, 1971

Hüssen, C.-M.: Neue Ergebnisse im Holz-Erde-Kastell von Weißenburg. In: Das archäologische Jahr in Bayern 1985 (1986)

–: Ein römischer Gutshof im Industriegebiet von Weißenburg. In: Das archäologische Jahr in Bayern 1985 (1986)

Janner, G.: Magister Johann Alexander Döderlein (1675–1745). In: Uuinzinburc-Weißenburg 867–1967, Beiträge zur Stadtgeschichte (1967), 111 ff.

Kellner, H.-J.: Exercitus raeticus. Truppenteile und Standorte im 1.–3. Jahrhundert n. Chr. In: Bayerische Vorgeschichtsblätter 36, 1971, 207 ff.

–: Die Römer in Bayern (^{4}1978)

–: Der römische Schatzfund von Weißenburg i. Bay., Mittelfranken. In: Das archäologische Jahr in Bayern 1980 (1981), 132 f.

–, und G. Zahlhaas: Der römische Schatzfund von Weißenburg (1983)

Klumbach, H., und L. Wamser: Ein Neufund zweier außergewöhnlicher Helme der römischen Kaiserzeit aus Theilenhofen, Landkreis Weißenburg-Gunzenhausen. In: Jahresber. der Bayer. Bodendenkmalpflege 17/18, 1976/77, 41 ff.

Kohl, W.: Das Römerkastell Biricianis. In: Korrespondenzblatt d. Gesamtvereins d. deutschen Geschichts- u. Altertumsvereine 6, 1891, 1 ff.

Koschik, H.: Das römische Feldlager von Weißenburg i. Bay. In: Jahresber. d. Bayer. Bodendenkmalpflege 21, 1980, 138 ff.

–: Das Kastell Ellingen, Landkreis Weißenburg-Gunzenhausen, Mittelfranken. In: Das archäologische Jahr in Bayern 1980 (1981), 117 f.

–: Eine villa rustica von Hüssingen, Gemeinde Westheim, Landkreis Weißenburg-Gunzenhausen, Mittelfranken. In: Das archäologische Jahr in Bayern 1980 (1981), 134 f.

–: Eine römische Brunnenmaske von Treuchtlingen-Schambach, Landkreis Weißenburg-Gunzenhausen, Mittelfranken. In: Das archäologische Jahr in Bayern 1981 (1982), 140 f.

–: Ausgrabungen im Kastell von Ellingen, Ldkr. Weißenburg-Gunzenhausen/ Mfr. Vorbericht. In: Jahrb. d. Bayer. Denkmalpflege 34, 1980 (1982), 11 ff.

–: Kastell Ellingen-SABLONETUM. Flurbereinigung und Denkmalpflege. Ein Mosaik aus Mittelfranken. In: H. 20 d. Schriftenreihe d. Bayer. Staatsministeriums f. Ernährung, Landwirtschaft u. Forsten, 1983, 44 ff.

–: Streifzüge zu archäologischen Stätten im Landkreis Weißenburg-Gunzenhausen. In: Bayernspiegel 3, 1983, 3 ff.

Kraft, K.: Zur Rekrutierung der Alen und Kohorten an Rhein und Donau (1951)

Kunze, E., und H. Schleif: IV. Bericht über die Ausgrabungen in Olympia, 1944, 54 ff. (Abb. 26)

Lawson, K. A.: Zu den römischen Reiterspielen. In: Archäologisches Korrespondenzblatt 10, 1980, 173 ff.

Mertens, G.: Zur Vorgeschichte. In: Im Weißenburger Land (1971), 49 ff.

Motorsegler: Motorsegler und Archäologie. Segelflugverein Weißenburg im Dienste der Heimatforschung, hrsg. vom Segelflugverein Weißenburg (1976)

Oldenstein, J.: Zur Ausrüstung römischer Auxiliareinheiten. In: Ber. d. Röm.-Germ. Komm. 57, 1976, 49 ff.

Pescheck, Chr.: Die wichtigsten Bodenfunde und Ausgrabungen des Jahres 1968. In: Frankenland NF 20, 1968, 252 ff.

Reinecke, P.: Die kaiserzeitlichen Germanenfunde aus dem bayerischen Anteil an der Germania Magna. In: Ber. d. Röm.-Germ. Kommission 23, 1933, 182 f.

Richmond, J. A.: Trajan's Army on Trajan's Column. In: Papers of the British School at Rome 13, 1935, 1 ff.

Rüsch, A.: Das römische Rottweil. Führer zu archäologischen Denkmälern in Baden-Württemberg 7 (1981)

Schleiermacher, W.: Centenaria am rätischen Limes. In: Aus Bayerns Frühzeit. Friedrich Wagner zum 75. Geburtstag (1962), 195 ff.

–: Das römische Kastellbad in Weißenburg i. B. In: Bayerische Vorgeschichtsblätter 27, 1962, 99 ff.

Schönberger, H.: The Roman Frontier in Germany. An Archeological Surway. In: Journal of Roman Studies 59, 1962, 144 ff.

Schwarz, K.: Führer zu bayerischen Vorgeschichtsexkursionen. Bd. 1: Limes – Karlsgraben – Gelbe Bürg – Hesselberg – Weißenburg – Dinkelsbühl (1962)

Simon, H.-G.: Römische Funde aus Theilenhofen. In: Bayerische Vorgeschichtsblätter 43, 1978, 25 ff.

THERMAE MAIORES. Ausgrabung – Konservierung – Restaurierung. Biriciana/Weißenburg in Bayern (1984). Ausstellungsführer, bearb. v. H. Koschik u. Zs. Visy

Ulbert, G., und Th. Fischer: Der Limes in Bayern. Von Dinkelsbühl bis Eining (1983)

Visy, Zs.: Die römischen Thermen von Weißenburg. Materialhefte zur bayer. Vorgeschichte. Reihe A (in Vorbereitung)

Vollmer, F.: Inscriptiones Baivariae Romanae (1915)

Wagner, F.: Das Ende der römischen Herrschaft in Rätien. In: Bayerische Vorgeschichtsblätter 18/19, 1951/52, 26 ff.

Wagner, G.: Biricianis. Versuch einer Namensdeutung des Römerkastells zu Weißenburg/Franken. In: Mensch und Maß 15, 21. Jg., 1981, 715 ff.

Wamser, L.: Neue Ausgrabungen im Weißenburger Reihengräberfeld. In: Villa nostra. Beiträge zur Weißenburger Stadtgeschichte III, 1975, 17 ff.

–: Römisches an Altmühl und Rezat. In: Ausgrabungsnotizen aus Bayern 1976/1

–: Spätkeltische Viereckschanze bei Weißenburg. In: Motorsegler (1976), 15 ff.

–: Römische Militäranlagen bei Weißenburg. In: Motorsegler (1976), 24 ff.

–: Römerlager bei Theilenhofen, Lkr. Weißenburg. In: Motorsegler (1976), 28 f.

–: Römische Gutshöfe bei Weißenburg. In: Motorsegler (1976), 34 f.

–: Römische Thermen in Weißenburg. In: Jahrbuch d. Bayerischen Denkmalpflege 31, 1977, 69 ff.

–: Biriciana-Weißenburg. Römische Thermen. In: Ausgrabungsnotizen aus Bayern 1978/2

–: Zur Erforschung der Römerzeit im Weißenburger Land. In: Schönere Heimat 74 (1985) 78 ff.

Wilsch, A.: Zur Stadtentwicklung von Weißenburg i. Bay. In: Uuinzinburc-Weißenburg 867–1967, Beiträge zur Stadtgeschichte (1967)

Winkelmann, J.: Der römische Burgus in der Harlach bei Weißenburg i. B. In: Germania 1, 1917, 45 ff.

–: Die römischen burgi in der Harlach bei Weißenburg i. B., bei Heglohe und Steinsdorf. In: Germania 2, 1918, 54 ff.

–: Die vorrömischen und römischen Straßen in Bayern zwischen Donau und Limes. In: Ber. d. Röm.-Germ. Kommission 11, 1918/19, 4 ff.

–: Eichstätt. Kataloge west- und süddeutscher Altertumssammlungen 6 (1926)

Zahlhaas, G.: Das Römermuseum in Weißenburg i. Bay., Landkreis Weißenburg-Gunzenhausen, Mittelfranken. In: Das archäologische Jahr in Bayern 1983 (1984), 192 f.

Abbildungsnachweis

Fotos

34: Bayer. Landesamt für Denkmalpflege. – 31, 33, 64, 66–68, 83, 101: Prähist. Staatssammlung München. – 70: Landesdenkmalamt Baden-Württemberg. – 40, 47–48, 50–52, 54, 56, 58–59a: Förderkreis Römerbad (F. Leja). – 2, 5: Stadtarchiv Weißenburg. – 39, 103: O. Braasch (Luftbildfreigabe durch Reg. v. Mittelfranken, Nr. P 3571/22 und P 3592/53). – Vordere Umschlagklappe, 41, 43, 49, 57a: Fotostudio Cernjak, Weißenburg. – 6–7: K. Gröschel. – 104–105, Umschlagseite 4: J. Mang (Luftbildfreigabe durch Reg. v. Mittelfranken, Nr. P 3592/53). – 30: J. Maiwald. – 14: nach K. Miller, Peutingersche Tafel, Brockhaus 1962. – 11a, 19, 21–23a, 24–28b–c, 32, 35, 37, 55, 69, 71–72, 77–82, 84–99: Verfasser.

Zeichnungen, Pläne, Rekonstruktionen

28a, 38, 46, 61, 63: Bayer. Landesamt für Denkmalpflege. – 1: Kartengrundlage = Top. Karte 1: 25 000, Blatt 6331 und 7031 (Wiedergabe und Genehmigung des Bayer. Landesvermessungsamtes München, Nr. 10112/79). – 11b: nach D. Baatz (1976). – Umschlagseite 3: Th. Beck. – 4, 102: nach F.-R. Herrmann (1971). – Umschlagseite 2, 3, 9–10, 12–13, 15–18, 23b, 30, 36–37, 42, 44–46, 53, 57b, 59b–60, 62, 65, 73–76, 106–107: L. Holzner; Abbildungen z. T. Umzeichnungen nach Planunterlagen des Bayer. Landesamtes f. Denkmalpflege, ORL, J. Garbsch (1970), Th. Fischer (1984), H. Koschik (1983), E. Kunze u. H. Schleif (1944), J. Oldenstein (1976), K. Schwarz (1959) und L. Wamser (1976). – 29: H. Huber. – 30: nach A. Rüsch (1981). – 8: nach W. Schleiermacher (1962). – 13, 100: nach L. Wamser (1976).